U0530730

国家智库报告 2018（48）
National Think Tank

社会·政法

中国司法公开新媒体应用研究报告（2018）
——人民法院庭审公开第三方评估

支振锋 叶子豪 任蕾 霍文韬 著

REPORT ON NEW MEDIA APPLICATION IN CHINESE JUDICIAL TRANSPARENCY 2018：INDEPENDENT EVALUATION ON THE OPENNESS OF CHINA'S JUDICIAL TRIAL

中国社会科学出版社

图书在版编目(CIP)数据

中国司法公开新媒体应用研究报告.2018：人民法院庭审公开第三方评估／支振锋等著.—北京：中国社会科学出版社，2018.8

（国家智库报告）

ISBN 978-7-5203-2989-7

Ⅰ.①中…　Ⅱ.①支…　Ⅲ.①传播媒介—影响—司法制度—研究报告—中国　Ⅳ.①D926

中国版本图书馆 CIP 数据核字（2018）第 180282 号

出 版 人	赵剑英
项目统筹	王　茵
责任编辑	喻　苗　马　明
责任校对	杨　林
责任印制	李寡寡

出　　版	中国社会科学出版社
社　　址	北京鼓楼西大街甲 158 号
邮　　编	100720
网　　址	http://www.csspw.cn
发 行 部	010-84083685
门 市 部	010-84029450
经　　销	新华书店及其他书店
印刷装订	北京君升印刷有限公司
版　　次	2018 年 8 月第 1 版
印　　次	2018 年 8 月第 1 次印刷
开　　本	787×1092　1/16
印　　张	8.5
字　　数	101 千字
定　　价	39.00 元

凡购买中国社会科学出版社图书，如有质量问题请与本社营销中心联系调换

电话：010-84083683

版权所有　侵权必究

项目首席专家：

支振锋　中国社会科学院法学研究所研究员
　　　　中国社会科学院大学教授
　　　　《环球法律评论》副主编，博士生导师

项目组成员：

韩莹莹　北京物资学院校办副主任、助理研究员
张真理　北京市社会科学院法学研究所所长、研究员
张　琼　西南政法大学行政法学院讲师
刘晶晶　中国社会科学院上海研究院博士研究生
任　蕾　中国社会科学院法学研究所博士研究生
叶子豪　中国社会科学院法学研究所硕士研究生
杨梦娇　中国政法大学硕士研究生
王佳敏　中国政法大学硕士研究生
霍文韬　中国社会科学院法学研究所硕士研究生
徐梦雅　中国社会科学院法学研究所硕士研究生
李家琛　伦敦政治经济学院研究生

摘要： 公开是现代司法的重要特征，是司法人民性的重要体现。近年来，人民法院通过构建司法公开四大平台，在司法公开工作上取得重大进展。尤其是随着庭审公开平台的建成开通，人民法院庭审公开工作进展迅速，不仅使中国的司法公开进入一个新阶段，也使全人类的司法公开再上一个新台阶。受最高人民法院委托，中国社会科学院法学研究所支振锋教授带领研究团队对2017年全国法院庭审公开工作进行了第三方评估。

本书作为2017年人民法院庭审公开第三方评估的研究成果，对此次庭审公开评估的原则、对象、方法进行了详细论证，对2017年全国法院庭审公开工作的基本状况、重大进步进行了客观呈现和分析，总结了我国庭审公开的成绩和经验，指出了其缺陷与不足，并提出了改进意见与建议。对各级法院实务工作者、司法改革研究者以及关注中国法治进程的各界人士，本书都有一定参考价值。

关键词： 司法公开；庭审公开；第三方评估

Abstract: Openness is an important feature of modern judiciary and an important manifestation of the nature of people's court. In recent years, the People's Courts have made significant progress in judicial openness work by building four platforms for judicial openness. Especially with the opening and operation of the openness platform for judicial trials, the openness work of the people's courts has progressed rapidly, which not only brought the China's judicial openness into a new stage, but also brought the judicial openness of all mankind to a new level. Entrusted by the Supreme People's Court, the team led by Professor Zhi Zhenfeng from the Institute of Law of the Chinese Academy of Social Sciences conducted an Independent Evaluation on the Openness of China's Judicial Trial. As the research result of the evaluation, this book thoroughly examined the principles, objects and methods of the evaluation on the openness of China's Judicial trial, and objectively presented and analyzed the basic situation and major progress of the 2017 national court trial openness work. At the same time, this book summarized the achievements and experiences of the judicial trial openness in China, pointed out its defects and shortcomings, and proposed improvement advices and suggestions. Therefore, this book has certain reference value for judicial practitioners at all levels, judicial reform researchers, and people who concerning about the rule of law in China.

Key Words: Judicial Openness, Openness of Judicial Trial, Independent Evaluation

目 录

第一章 司法公开助推司法公正 …………… (1)
 一 以透明促进公正 ………………………… (1)
 二 最生动的法治公开课 …………………… (6)

第二章 庭审公开工作的开展 ……………… (10)

第三章 庭审公开评估的原则与指标设置 ……… (16)
 一 评估的重点与原则 ……………………… (17)
 二 评估的数据来源与方法 ………………… (21)
 三 庭审公开指标体系设置 ………………… (22)
 四 具体指标、数据来源、样本与计算
  方式 ……………………………………… (24)
 五 指标设置依据 …………………………… (27)

第四章　庭审公开评估结果 …………………………（47）
　　一　参评法院情况 ………………………………（47）
　　二　评估结果及分析 ……………………………（53）

第五章　人民法院庭审公开的成就、问题及改进建议 …………………………………………（79）
　　一　中国庭审公开工作取得的成就 ……………（79）
　　二　中国庭审公开工作存在的问题 ……………（93）
　　三　进一步推进庭审公开工作的建议 …………（108）

结　语 ………………………………………………（120）

参考文献 ……………………………………………（122）

后　记 ………………………………………………（124）

第一章　司法公开助推司法公正

公开是现代司法的基本特征，也是人民司法的内在要求。从远古鬼神审判中蒙昧未开的迷信，到古代司法审判中张扬权力的专制，再到现代司法审判中强调公开的程序正义，公开作为一个重要因素，不仅克服着司法审判的神秘主义，更体现出以透明提升公信的现代司法特征。

一　以透明促进公正

作为一种国家定分止争、实现社会正义的手段，公开透明是司法权的本质要求。但由于司法的专业化，司法权往往也呈现出神秘主义的倾向，进而导致世界范围内司法公信力普遍不甚理想。而信任与否来源于人们对事物了解程度的高低，公众对司法体系的信心来源于对司法体系的了解。① 为了重塑信任，加大司法公开力度，让人民群众看得见司法，才能更好感受正义。② 通过推进司法公开，使司法更透明，更易于为百姓所见，才能使司法体系成为公众信任的国家公权力系统，并为进一步提高司法权威、增强司法公信力保驾护航。

司法公正是人民司法的本质体现。党的十八大后，习近平总书记多次在不同场合就司法公正发表重要讲话，在首都各界纪念现行宪法公布施行三十周年大会上，他掷地有声地指出："我们要依法公正对待人民群众的诉求，努力让人民群众在每一个司法案件中都能感受到公平正义。"③ 司法不仅要实现公正，而且要以公众看得见的方式来实现。中国古语讲"眼见为实"，人民群众"看到了"就"放心了"。从古至今，以一定形式参与司法、亲历司法、见证司法、感受司法，不仅是普通百姓的诉求，更是司法制度不断增强对人民群众诉求回应性的历史呈现。随着依法治国和司法改革的稳步推进，我国人民法院的司法公开不断进步，

---

① 参见支振锋《中国司法公开新媒体应用研究报告（2015）——从庭审网络与微博视频直播切入》，中国社会科学出版社2016年版。
② 同上。
③ 习近平：《在首都各界纪念现行宪法公布施行三十周年大会上的讲话》（2012年12月4日），载《十八大以来重要文献选编》（上），中央文献出版社2014年版，第91页。

司法透明度不断提升。与此同时，人民群众对司法公开和司法透明度的需求也在不断提高。因此，坚持和维护司法公正就不仅仅意味着建立一套完备的制度体系，更重要的是要让人民群众在参与司法公开的活动中感受司法带来的公平正义，在参与中提高对司法改革的获得感。通过庭审公开，把司法机关的审判活动完整地呈现在人民群众面前，使人民群众直观、便捷、高效地参与司法公开，感受司法公开的透明和坦诚，最终赢得人民群众的信赖和拥护。

要进一步通过司法公开促进司法公正，让人民群众对人民法院司法改革有更多的获得感，就需要不断开创司法公开新举措，积极寻找司法公开新办法，充分利用司法公开新工具，扩大人民群众参与司法公开的新途径。改革开放迄今，我们已经初步实现了司法公开从纸质到电子、从静态到动态、从广电报纸到网站视频的巨大变化。在新工具的支持下，人民法院逐步推进审判流程公开、裁判文书公开、执行信息公开三大平台建设，三大公开平台的建设为中国的"互联网+司法公开"构建了一个立体、丰富、多元的框架，为透明司法提供了最重要的制度、物质和组织保障，为人民群众了解司法公开工作开辟了新途径，大大推动了中国司法公开工作，为中国司法公开下一步的发展积累了宝贵的实践经验。

庭审是司法过程的核心环节。通过把司法机关的审判活动完整地呈现在人民群众面前，使人民群众直观、便捷、高效地感受司法公开，就能以司法公开的透明度推动公平正义的实现。如何利用新工具、新技术实现庭审公开，继而进一步推进司法公开，将庭审的实况传播到大众视野中，是司法公开工作中值得思考的问题。

近年来，随着移动互联网的发展和社交媒体的使用，各级各地法院利用互联网和新媒体技术，在庭审公开工作上进行了实实在在的尝试和探索，推动了庭审直播这种最彻底、最透明司法公开实践的拓展，并实现了从网络到微博、从图文到视频、从零散到常规的突飞猛进。

传统上，司法公开主要涉及的是图片和文字信息，有时候会比较抽象、静态、平面和碎片化，不如庭审活动的视频信息具体、可视和具有完整性。近年来，社会公众对视频直播的呼声越来越高，人民法院也不断回应着社会需要。随着信息化建设以及互联网视听技术的运用与普及，人民法院也在逐渐铺开可视化的庭审网络直播工作。从1996年广州市中级人民法院通过电视直播劫钞案开始，人民法院就在不断尝试利用影像进行可视化的司法公开，并逐步取得重大进展。

经过长期探索和科学论证，2016年5月，最高人民法院决定自当年7月1日起,该院将以庭审直播形式进行常态化、全方位司法公开。2016年9月27日"中国庭审公开网"正式上线,标志着人民法院司法公开第四平台的建成开通,也是人类有史以来规模最大的全国统一性司法公开平台。这不仅将我国司法公开向前推动了一大步,也是对全人类司法公开的里程碑式贡献。

中国庭审公开网向社会公众提供中国各级法院司法审判的现场直播及录像回顾,截至2017年12月31日,该网站已经基本实现全国各级法院接入的全覆盖,其中306家中级人民法院已进行直播,占接入中院的72.1%;2010家基层人民法院已进行直播,占接入基层院的62.8%。[1] 在2018年"两会"上,周强院长宣布,自中国庭审公开网开通以来,截至2018年2月底,中国庭审公开网直播庭审64.6万件,已有48.5亿人次点击访问。[2] 而仅仅是四个月之后,截至2018年6月30日,中国庭审公开网已经直播庭审超过100万件次,总访问量超过70亿人次。人民法院庭审公开工作取得更加显著的巨大成就。

尽管这是人类司法庭审公开史上史无前例的伟大

---

[1] 以上数据参见中国庭审公开网:http://tingshen.court.gov.cn/。
[2] 该项数据来源于2018年3月9日最高人民法院院长周强在十三届全国人民代表大会一次会议第二次全体会议中所作的最高人民法院工作报告。

成就，但仍然不过是人类在迈向更透明、更公正的司法公开漫漫征途中的起步阶段。数据表明，通过视频直播展开的庭审公开已经逐渐成为我国各级法院司法公开工作的重要选择，无论是直播公开案件的数量还是公开案件的覆盖广度都表明司法公开在稳步前行。与此同时，庭审公开也在社会中从不乏犹疑观望，到不断获得更深刻的认识和更大程度的认可，进而成为深化司法公开、展现法官风采、树立司法公信的重要窗口，让人民群众更加了解和理解法院工作，从内心树立对司法权威的认可和尊重。

二 最生动的法治公开课

庭审公开作为司法公开的重要组成部分，实现庭审公开的常态化，对于司法系统的权威、人民群众的权利保障以及丰富人类司法公开实践都具有积极意义，并带来深远影响。

借助新工具、新平台进行庭审视频直播，人民法院可以通过更高效、更便捷的技术手段，将法院"做什么、怎么做、为何做"的过程尽可能全方位展现出来。以庭审直播这种鲜活的方式将人民法院司法活动最核心的部分进行最彻底的实时公开，对于提升司法公开的整体质量，增强人民群众对司法体系的信心，显然意义重大、无可替代。

由于整个审判活动全方位向社会公开，无论是审判人员的行为举止，司法活动中当事人及律师的一言一行，以及案件所涉及的事实和细节，直到案件最终的处理结果，都被置于社会公众的"围观"、见证与监督之下，这不仅对审判人员的职业素养、言行礼仪提出更高要求，也对他们的廉洁公正提出更高要求。因此，司法公开毫无疑问可以倒逼司法审判人员提高业务水平，抑制司法腐败，从而提升司法公信，实现司法能力与司法权威的齐头并进，以阳光透明为法院树立公正、高效、为民、廉洁的形象，最终真正以阳光法院彰显中国司法的价值和品性。

对于人民群众而言，通过庭审视频直播把司法机关的审判活动完整地公开呈现，便于大众便捷、直观地观察庭审活动，使其可以通过手机、电脑实时关注庭审活动，甚至在一定程度上摆脱时间和空间的限制。庭审直播将法庭的"说理"过程通过庭审视频传递到社会，能很好地促进人民群众对司法过程的了解与理解，更好地了解和掌握法律知识，以此提高社会公众对法律权威、司法权威的服从与认可，促进社会理性化进程。

与此同时，司法公开实际上也是一个司法机关与社会大众互动的双向过程，司法机关在进行庭审活动的同时也在接受社会的监督。人民群众对于司法权运作的知情权、表达权、监督权在这一过程中也能落到实处，大量观众对庭审直播的观看、评论以及建议，会进一步促进司法水平的提升，增强司法公信力和司法权威，在促进司法公开的同时最大限度地实现正义。

　　庭审公开为全世界司法公开水平的提升贡献了独具特色的中国方案。我国的司法公开实践在深度、广度和现代化程度上，都正在向国际高标准迈进，甚至实现对西方发达国家的"弯道超车"。与世界大多数国家尤其是西方发达国家的司法公开相比，我国法院的司法公开更具主动性。特别是庭审公开的大力推行，通过庭审视频直播将司法公开变被动为主动，有效避免了西方以媒体报道司法可能带来的对法庭秩序的干扰，以及选择性报道及其所传递的偏见。西方国家要么限制或禁止媒体进入法院，要么虽然允许直播庭审但却将其交给不确定的社会媒体来进行。而中国的庭审直播则是通过最高人民法院建立全国性的统一庭审公开平台——中国庭审公开网，然后各级各地法院接入该统一的庭审公开平台。庭审公开的主体是法院，庭审视频直播的案件对象和范围也由法院选择和决定，这样主动权放在法院手中，特别是在庭审公开推行初期，有助于法院权衡得失，选择合法、适当的案件直播，有助于庭审直播的有序、规范进行，既避免了过犹不及，也避免了媒体或当事人直播所具有的倾向性，避免国外曾经出现过的媒体干扰法庭审理秩序的教训。

与世界大多数国家，尤其是西方国家法院相比，中国庭审公开更具积极的实践精神。近年来最高人民法院一直大力推动司法公开工作，在中国庭审公开网这一全国性庭审公开平台建立初期，一些地方的法院走在全国前列，为庭审公开的发展做出了宝贵的探索，体现出我国改革开放中弥足珍贵的地方实践的积极性。如2018年江苏省高院率先要求全省法院所有公开开庭的案件原则上都要直播，为全国的庭审公开工作进一步推广、落实树立了新标杆。

各级各地人民法院的积极实践无疑为中国庭审公开的发展提供了宝贵经验。正是地方创新精神与中央顶层设计的结合，不仅使庭审公开在观念上得到国家层面的重视和推行，更促使整个法院系统从思想上重视起来，在实践上行动起来，我们才实现了短短数年间在智慧法院建设上的巨人进步，构建了开放动态透明便民的阳光司法机制，建立了审判流程、庭审活动、裁判文书、执行信息四大公开平台。中国司法公开取得的成绩，证明了中国在这一领域所具有的独特优势和发展潜力，为全人类司法公开提供了宝贵经验和思想智慧。

第二章　庭审公开工作的开展

司法公开是中国的宝贵传统。司法过程不仅向两造公开，还面向所有民众和社会公开并允许社会力量参与司法，一直是传统中国司法的重要实践，[①] 人民司法继承优良传统，更加推陈出新。尤其是改革开放以来，司法公开取得重大进展和成就，充分利用移动互联网的新型技术优势，不仅成为政务类信息公开的标杆，更拓展了全球司法公开新广度，引领世界司法公开新高度，树立了司法公开的中国标准和中国范式。

古代中国司法有着悠久的公开传统。在中央司法审判中常用会审方式，如"三司会审""秋审""热审"等方式都是由一定范围内的群臣会审。在地方司法中更为明显，主要表现为两个维度：一是司法的过

[①] 参见黄晓平《中国传统司法的公开模式及其对当代中国的借鉴意义——以宋代以来州县司法为中心的考察》，载中南财经政法大学法律文化研究院编《中西法律传统》（第七卷），北京大学出版社2009年版。

程公开，主要是审理公开、判决公开、判决执行公开等；二是民众参与司法活动，并在司法中发挥了一定作用。① 不同于"有理无钱莫进来"的调侃，古谚中"衙门八字朝南开"的建筑格局实际上就是在明确告诉民众，衙门是敞开的，衙门内的听讼断狱，自然要公开，这种设计本身就有堂堂正正、让公众一览无余的意味。②

抗日战争时期，中国共产党在边区创立了"马锡五审判方式"，在司法审判过程中践行"群众路线"，这种极大调动和便利群众参与的审判方式，无疑是人民法院司法公开的先声和早期实践。中华人民共和国成立后，随着社会主义法制建设的不断完善和新的人民民主法治体系的逐渐建立，司法实践中继承和发扬了根据地时期的便民传统，依靠群众、方便群众、调动群众是这一时期司法公开的显著特征。

改革开放以来，人民法院一直重视利用新技术拓展司法公开的范围与幅度，随着传播技术的进步，庭审直播成为司法公开的新趋势。从 1996 年广州市中级人民法院电视直播一起劫钞案开始，庭审直播将司法公开不断推向新的高度。2013 年 7 月，最高人民法院

---

① 参见黄晓平《古代中英司法的公开传统之比较》，《法制与社会发展》2010 年第 1 期。
② 支振锋：《中国司法公开新媒体应用研究报告（2015）——从庭审网络与微博视频直播切入》，中国社会科学出版社 2016 年版。

周强院长在全国高级法院院长座谈会上强调，社会关注大的案件要通过庭审直播、录播等方式及时让公众知晓案件进展情况，提高审判工作透明度。同年8月，济南中院通过150多条微博、近16万字的图文直播"薄熙来案"，数亿人得以"旁听"庭审，成为"近年来我国庭审中使用新媒体的标志性事件"。这也是近年来法院通过司法公开新媒体应用提升司法公信力的经典案例。2013年10月9日，周强院长在人民法院信息化工作会议上提出，要依托信息技术拓展司法公开的广度和深度，全面推进立案、庭审、执行、听证、文书、审务等各方面的司法公开。同年11月28日，最高人民法院在《关于推进司法公开三大平台建设的若干意见》中提到，人民法院应当积极创新庭审公开的方式，以视频、音频、图文、微博等方式适时公开庭审过程，为新视听技术在司法公开中的运用提供了规范性依据。2013年12月11日，"中国法院庭审直播网"正式开通，使社会大众能便捷地在线上"旁听"庭审、感受正义的"可视性"成为现实。①

地方各级人民法院先行先试，积极创新，不断拓展庭审公开的形式和范围。广东省广州市中级人民法院推出"全日制"庭审网络直播项目；广西壮族自治

---

① 参见郭士辉《让正义以看得见的方式实现——人民法院全面推进依法治国工作亮点巡礼》，《人民法院报》2016年7月11日第1版。

区北海市中级人民法院始终走在司法公开前列，专门建设有阳光司法网，很早就尝试庭审网络或微博直播；江苏、浙江等地法院的网络庭审直播，也都有很大进展，并后来居上。从网络平台建设上来看，绝大部分法院都在高院或中院层面上建立起了自己的网络庭审直播平台，有些地方甚至基层法院走在网络庭审直播的前列。

我国第一次庭审网络视频直播就是基层法院举办的：2003年5月14日，浙江省丽水市莲都区人民法院对一起变更抚养关系案件进行了网络直播。江西省新余市中级人民法院也较早地开通了视频直播网，并于2015年6月25日第一次通过网络直播了庭审活动，同年7月21日又进行了第二次庭审网络直播活动。2016年1月，北京市海淀区人民法院以全程视频直播的形式审理了轰动一时的快播公司涉嫌传播淫秽物品牟利案，百万人观看了此次庭审，并引起了网友的热烈反响，整个过程依法、坚定、开放、自信，是庭审视频直播的有益尝试。2016年4月26日知识产权日，最高人民法院公开开庭审理再审申请人迈克尔·乔丹与被申请人国家工商行政管理总局商标评审委员会、一审第三人乔丹体育股份有限公司10件商标争议行政纠纷系列案件，由陶凯元副院长主审。乔丹案庭审直播也受到了广泛关注，共计150万余名网友观看了直播。

庭审视频直播得到社会的初步检验。

另外，江苏高院于 2018 年 3 月 28 日下发《江苏省高级人民法院关于全面开展庭审网络直播工作的通知》，要求建立"以直播为原则、不直播为例外"的原则，全面推进庭审直播，实现所有案件、所有法官、所有法庭全覆盖。

在庭审视频直播实践不断推进的同时，法律法规和相关政策也在同步推行。2016 年 5 月 1 日，新修订的《中华人民共和国人民法院法庭规则》正式施行，第十一条规定："依法公开进行的庭审活动，具有下列情形之一的，人民法院可以通过电视、互联网或其他公共媒体进行图文、音频、视频直播或录播：（一）公众关注度较高；（二）社会影响较大；（三）法治宣传教育意义较强。"《人民法院法庭规则》为庭审公开提供了清晰、正式的合法性依据与政策支持，人民法院的庭审视频直播工作有了更为坚实的基础。

从 2016 年 7 月 1 日开始，最高人民法院全面实现本院庭审公开的常态化。7 月 6 日，中国法院庭审公开网项目签约活动在京举行。从 2016 年 7 月初到 8 月底，短短两个月，最高人民法院已实现庭审直播 80 件次，累计直播观看量超过 3000 万人次，其中 7 月 7 日由贺荣副院长主审的海难救助案最受关注，观看人次高达 218 万。陶凯元、贺荣两位副院长主审案件的直播，获得了社会各界高度评价，并为该项工作在全国法院的推进发挥了良好的示范作用。2016年9月27日，中国庭审公开网上线，成为继裁判文书公开、审判流程公开、执行信息公开三大平台之后，人民法院建设的第四大司法公开平台。

以裁判文书公开、审判流程公开、执行信息公开、庭审公开四大公开平台为基础，我国已构筑了立体的司法公开体系，为推进、实现司法公开提供了广阔的空间。尤其是随着中国庭审公开网的上线及全面铺开，中国司法公开进入一个崭新的阶段，人类司法公开又上了一个重要台阶。

第三章 庭审公开评估的原则与指标设置

最高人民法院十分重视司法公开工作。在2018年"两会"报告中,最高人民法院总结过去五年工作时提到:"司法公开取得重大进展。坚持以公开为原则、以不公开为例外,将司法公开覆盖法院工作各领域、各环节。"在展望未来五年的工作时,提出人民法院要"持续深化司法公开,加快建设智慧法院。扩大庭审直播、文书上网、审判流程及各类司法信息公开范围,全面拓展司法公开的广度和深度"。

随着2016年9月27日中国庭审公开网正式上线,审判流程、庭审活动、裁判文书、执行信息四大司法公开平台全面开通,庭审公开在制度供给、平台构筑与具体实效上厚积薄发,均有重大进展。在中国庭审公开网开通一周年之际,为了能直观、准确地了解庭审公开的实际情况,总结一年多以来庭审公开的经验和不足,为下一步庭审公开的工作做好充分准备，最高人民法院委托中国社会科学院法学研究所对庭审活动公开情况进行第三方评估，并成立课题组跟进承担各具体环节任务。后文将具体介绍评估的重点与原则、数据获取与计算、指标体系及设置依据，在行文中，根据不同场合，可能会对各级人民法院使用简称，如最高人民法院简称"最高法院"、高级人民法院简称"高院"或"高级法院"、中级人民法院简称"中院"或"中级法院"以及基层人民法院简称"基层法院"等。

一 评估的重点与原则

作为人民法院司法公开的一项重要工作，庭审公开在鼓励各级各地人民法院加大力度进行庭审直播活动的同时，重在倒逼提升庭审质量、效率和效果，真正以公开促公正，以公正赢得公信。根据最高人民法院推行庭审公开的制度目标，本次庭审公开评估工作的重点主要是考虑庭审公开的效果，不仅考核为庭审公开而进行的平台建设、制度建设，更强调在庭审公开中庭审直播的数量，直播的音频、视频效果以及庭审秩序等与审判质效直接相关的因素。一般而言，庭审直播数量较多的法院在评估中会有更好的表现，尽管数量并不是决定性因素。评估工作主要考虑下列原则：

1. 合法性

考虑到目前庭审公开工作还处于初创阶段，所以课题组在指标设置时主要考虑指标的合法合规，尽可能在现有的规范体系下对法院的庭审公开工作进行评估。也就是说，在设置指标体系时，课题组主要是根据与庭审公开相关的法律与相关司法文件来进行的。宪法以及诉讼法所确立的审判公开原则、《人民法院法庭规则》、最高人民法院围绕司法公开所发布的相关司法文件，以及一系列可能与庭审公开相关的其他最高人民法院文件，都是指标体系设置的合法性依据。当然，鉴于当前庭审公开在全国层面仅仅推行了不到两年，相关法律法规以及司法文件都还不够健全，随着庭审公开工作的深化和落实，未来课题组也会考虑设置一些合理性指标，一方面尝试对将来庭审公开工作的方向进行引导，另一方面也为将来围绕庭审公开出台相关司法文件或全国性规则做准备。

2. 客观性

无论是第三方评估，还是人民法院自身进行的工作评估，或者其他任何评估，客观公正都是其生命线。因此，无论是在评估指标体系的设计上，还是在具体评估操作中，课题组都遵循客观中立的原则。在指标设计上，课题组充分咨询了相关专家、部分法官与司法实务界人士，经过认真研究并充分进行科学、民主讨论后，形成了较为科学的指标体系，并根据指标体系制定出详细的评估指南，并以此指南作为基本依据对庭审公开工作进行评估。该评估指南包括指标设计、评分依据与评分说明等方面。无论是指标设计还是评估过程，课题组在突出考核目标、问题导向的同时，也力图以指标体系设置与评估过程上的客观性，来实现评估结果的可溯源性。

3. 现实性

必须认识到，放眼古今中外，在一个近14亿人之众的国家全面推行庭审公开，无论如何都堪称前无古人的伟大创举。但庭审公开毕竟是一个新生事物，中国庭审公开网作为全国法院的庭审公开统一平台也仅仅开通不到两年；虽然在短短几年中，人民法院的庭审公开工作已经取得了不错的成就，但这个工作仍然处于初始阶段，不仅面临很多观念上或机制上的障碍，在实践中也肯定存在这样或那样的缺陷。必须认识到，大多数法院在庭审公开问题上，案件数量并不大，比例并不高，离常态化直播仍有距离；即便有些法院已经有大量案件进行庭审视频直播，但在审判质效、法官控庭能力甚至音视频质量等问题上，仍然存在诸多不足。

因此，课题组设置了4个一级指标：直播情况、平台建设、制度建设、便民措施。直播情况主要覆盖了案件呈现、案件数量与类型、直播效果、证人和被害人及需要保护的出庭人员保护与个人信息保护四个方面，体现了本次工作的重点是考虑庭审公开效果。平台建设包含直播网站、主管领导与主管部门、运维人员和部门及网络安全维护，该一级指标评估法院网站建设及专门人员的具体情况。制度建设的侧重点是法院是否能就庭审公开建立较为完备的制度规范。便民措施是希望各法院能够在庭审公开中进一步落实以人民为中心的发展思想。最后形成一级指标4个，二级指标12个，三级指标30个的评估指标体系，并根据不同权重对不同指标进行量化赋值，试图以此客观反映当前人民法院庭审公开工作的客观面貌。

4. 引导性

在科学设置指标体系时，课题组在遵循法律与司法文件的同时，也力图贯彻最高人民法院大力推行司法改革、深化司法公开的精神。确定指标体系之后，课题组专家又广泛征求了相关专家、部分法官、实务界人士的意见和建议，并经与最高人民法院审判管理部门反复商讨，最后确定了4个一级指标各自的权重与赋值，并以此为原则再为二级和三级指标赋值。赋值高低，不仅体现这个指标所代表的庭审公开中某个方面或某个因素的重要性，同时，也希望以赋值的高低来对各级法院以后的庭审工作进行某种程度上的引导。当然，由于合法性原则的框范，这个引导性原则可能体现得没有那么充分。

二 评估的数据来源与方法

由最高人民法院根据一定规则筛选出225家不同层级、不同地区的法院，作为评估对象。评估工作的数据有三个来源：通过课题组抽查各法院的具体庭审视频获取的相关数据，由中国庭审公开网提供的相关数据，各法院根据课题组和最高院要求所报送的数据。经过处理不同数据后对各指标进行计算、评分，最后得出结果。值得注意的是，由于中国庭审公开网正式上线才一年有余，也是第一次进行庭审公开评估工作，因此课题组本着问题导向，从帮助推进庭审公开工作的角度，尽可能放宽评估标准，以冀能在全国范围内更好地推广庭审公开工作。大体来讲，数据获取与分析的情况如下：

评估主要来源于课题组抽查数据。根据指标体系，课题组根据案件抽查规则，抽查2017年7—12月庭审直播案件，共抽查案件1350件。抽查重点关注诉讼各方参与人画面呈现情况、画面质量（结合中国庭审公开网提供的数据）、播出音效、直播完整程度、庭审秩序、庭审礼仪、出席情况、证人和被害人及需要保护的出庭人员保护与个人信息保护（结合法院自报数据）。

鉴于庭审公告往往会在庭审直播后被撤下，不便于回溯这一特殊性，课题组集中抽查了 2017 年 12 月的被评估法院的共计 675 个案件的庭审公告情况进行评估。抽查时，课题组重点关注庭审直播公告内容、庭审直播公告准确性。综上，课题抽查的案件数量总计为 1350 + 675 = 2025 件。

对于指标体系中的有些指标，如"板块建设"，抽查并不能满足评估需要，因此课题组成员需要点击 225 家法院的官网进行收集。为了数据的准确性，课题组需要用三种不同的浏览器，在不同时段分别登录和收集。对于课题组收集的数据，必要时都做到了拍照存证。

对于中国庭审公开网的一些统计性数据，如 2017 年全年人民法院总共进行的庭审直播案件量、被评估法院 2017 年全年庭审直播案件量、从基层法院到高级法院三级法院庭审直播案件前 20 名法院及案件量、从基层法院到高级法院庭审直播案件关注量前若干名案件等，均由中国庭审公开网统一提供。而至于制度建设、便民措施等相关指标，则主要由各级人民法院根据课题组的要求进行提供。

三 庭审公开指标体系设置

本次评估中，庭审公开评估指标体系共分为三级，其中一级指标4个,分别是直播情况、平台建设、制度建设和便民措施;二级指标12个;三级指标30个。直播情况权重设置为70%,其他3个一级指标权重均设为10%,二级指标和三级指标根据具体情况赋值。具体指标名称及分数设置详见表3-1。

表3-1　　　　　　　庭审公开评估指标体系

一级指标	二级指标	三级指标
1. 直播情况	1.1 案件呈现	1.1.1 案件名称
		1.1.2 案号
		1.1.3 案由
		1.1.4 基本案情
		1.1.5 审判组织成员
		1.1.6 员额法官庭审直播覆盖率
		1.1.7 院长办案直播情况
		1.1.8 诉讼参与人画面展示情况
	1.2 案件数量与类型	1.2.1 案件总数
		1.2.2 直播比例
		1.2.3 案件类型比例
		1.2.4 员额法官人均直播案件数
	1.3 直播效果	1.3.1 画面质量
		1.3.2 播出音效
		1.3.3 直播完整程度
		1.3.4 直播庭审秩序
		1.3.5 直播庭审礼仪
		1.3.6 出席情况
	1.4 证人、被害人及需要保护的出庭人员保护与个人信息保护	

续表

一级指标	二级指标	三级指标
2. 平台建设	2.1 直播网站	2.1.1 板块建设
		2.1.2 接入及直播情况
	2.2 主管领导与主管部门	
	2.3 运维人员、部门及网络安全维护	
3. 制度建设	3.1 庭审直播相关制度规范	3.1.1 直播质量规范
		3.1.2 案件选取规范
		3.1.3 不公开审批规范
		3.1.4 礼仪秩序规范
		3.1.5 证人作证规范
		3.1.6 质量考核规范
		3.1.7 紧急预案规范
		3.1.8 视频删除规范
	3.2 督促通报考核制度	
4. 便民措施	4.1 庭审直播公告	4.1.1 公告内容
		4.1.2 公告准确性
	4.2 新闻宣传	
	4.3 邀请人大代表、专家学者等旁听	

四 具体指标、数据来源、样本与计算方式

在庭审公开评估指标体系中，共有36个指标（其中包括6个二级指标，30个三级指标）被单独赋值，数据来源于中国庭审公开网提供的指标数量共计3个，

来源于课题组收集的指标数量共计15个，来源于法院自报的指标数量共计15个，来源于中国庭审公开网与课题组结合的有1个，来源于法院自报与课题组结合的有两个，详见表3-2。

表3-2　　　　赋值指标、数据来源、样本情况及计算方式

赋值指标	数据来源	样本情况	计算方式
案件名称	课题组	抽查	该指标得分/抽查案件数
案号	课题组	抽查	该指标得分/抽查案件数
案由	课题组	抽查	该指标得分/抽查案件数
基本案情	课题组	抽查	该指标得分/抽查案件数
审判组织成员	课题组	抽查	该指标得分/抽查案件数
员额法官参与案件直播率	法院自报+课题组	核查	直接计入总分
院长办案直播情况	法院自报+课题组	核查	直接计入总分
诉讼各方参与人画面呈现情况	课题组	抽查	该指标得分/抽查案件数
案件总数	中国庭审公开网		直接计入总分
直播比例	中国庭审公开网+课题组	核查	直接计入总分
案件类型比例	中国庭审公开网		直接计入总分
员额法官人均直播案件数	法院自报或中国庭审公开网	核查	直接计入总分
画面质量	课题组	抽查	该指标得分/抽查案件数
播出音效	课题组	抽查	该指标得分/抽查案件数
直播完整程度	课题组	抽查	该指标得分/抽查案件数
直播庭审秩序	课题组	抽查	该指标得分/抽查案件数

续表

赋值指标	数据来源	样本情况	计算方式
直播庭审礼仪	课题组	抽查	该指标得分/抽查案件数
出席情况	课题组	抽查	该指标得分/抽查案件数
证人、被害人及需要保护的出庭人员保护与个人信息保护	法院自报		直接计入总分
板块建设	课题组	全部	直接计入总分
接入及直播情况	法院自报		直接计入总分
主管领导与主管部门	法院自报		直接计入总分
运维人员、部门及网络安全维护	法院自报		直接计入总分
直播质量规范	法院自报		直接计入总分
案件选取规范	法院自报		直接计入总分
不公开审批规范	法院自报		直接计入总分
礼仪秩序规范	法院自报		直接计入总分
证人作证规范	法院自报		直接计入总分
质量考核规范	法院自报		直接计入总分
紧急预案规范	法院自报		直接计入总分
视频删除规范	法院自报		直接计入总分
督促通报考核制度	法院自报		直接计入总分
庭审直播公告内容	课题组	抽查	该指标得分/抽查案件数
庭审直播公告准确性	课题组	抽查	该指标得分/抽查案件数
新闻宣传	法院自报		直接计入总分
邀请人大代表、专家学者旁听	法院自报		直接计入总分

五 指标设置依据

该细则以每个被赋值指标在表3-1中的顺序，详细说明介绍指标的评分合法合规性依据和标准。详细内容如下：

1.1.1 案件名称评分依据与标准

根据《人民法院民事裁判文书制作规范》，案件名称是当事人与案由的概括，在民事一审中，案件名称表述为"原告×××与被告×××……（写明案由）一案"。《最高人民法院关于在中国裁判文书网站平台公布的裁判文书的格式要求及技术处理规范》规定："四、技术处理的内容及方法……（二）应当保留的信息……其他个人信息包括当事人的姓名或者名称，法定代表人、负责人、辩护人、委托代理人等的姓名不做技术处理。"

1.1.2 案号评分依据与标准

最高人民法院出台了若干个规范性文件如《人民法院民事裁判文书制作规范》《关于人民法院案件案号的若干规定》《最高人民法院关于在同一案件多个裁判文书上规范使用案号有关事项的通知》等对案号均做了详细规定，其中在《关于人民法院案件案号的若干规定》第三条规定，"案号各基本要素的编排规格为："（+收案年度+）"+法院代字+类型代字+案件编号+"号"。每个案件编定的案号均应具有唯一性"。案号在诉讼过程中具有重要地位，通常在立案阶段法院就对每个案件生成相对应的唯一案号。

因此，课题组根据上述规定结合实际情况对本指标进行评分。

1.1.3 案由评分依据与标准

最高人民法院出台了若干个与案由相关的规范性文件，如《民事案件案由规定》《最高人民法院关于规范行政案件案由的通知》等，对案由的内容做了详细规定。

在民事案件中，《最高人民法院关于印发修改后的〈民事案件案由规定〉的通知》对案由的适用做了以下规定："第一审法院立案时应当根据当事人诉争法律关系的性质，首先应适用修改后的《民事案件案由规定》列出的第四级案由；第四级案由没有规定的，适用相应的第三级案由；第三级案由中没有规定的，适用相应的第二级案由；第二级案由没有规定的，适用相应的第一级案由。地方各级人民法院对审判实践中出现的可以作为新的第三级民事案由或者应当规定为第四级民事案由的纠纷类型，可以及时报告最高人民法院。最高人民法院将定期收集、整理、筛选，及时细化、补充相关案由。"

在行政案件中,《最高人民法院关于规范行政案件案由的通知》(以下简称《通知》)中将行政案件案由分为作为类案件、不作为类案件、行政赔偿类案件。在作为类案件中,《通知》指出:"行政作为类案件案由的结构为:管理范围+具体行政行为种类。以诉公安机关所作的行政拘留处罚为例,案由应确定为:'治安行政处罚'。'治安'为公安行政管理范围之下具体的治安管理;'行政处罚'则是具体行政行为的种类,不用具体的处罚形式'拘留'进行表述。"在不作为类案件的案由中,《通知》指出:"不作为类案件的案由,原则上仍适用上述作为类案件的两种构成要素的结构,但又要体现此类案件的特色,其确定方法是:以'诉'作为此类案件案由的第一个构成要素;以行政主体的类别作为第二个构成要素,如'工商行政管理机关'、'海关'等;以不履行特定行政职责或义务作为第三个构成要素……如可以具体区分为'诉××(行政主体)不履行保护人身权(财产权)法定职责'、'诉××(行政主体)不履行行政合同义务'、'诉××(房屋管理机关等)不履行登记法定职责'等等。"在行政赔偿类案件中,《通知》指出:"行政赔偿类案件分为两种情况,即一并提起行政赔偿和单独提起行政赔偿。对于一并提起的行政赔偿案件,在被诉具体行政行为案件案由后加'及行政赔偿'一语即可。如'工商行政登记及行政赔偿'、'诉公安机关不履行保护人身权法定职责及行政赔偿'等。对于单独提起行政赔偿的案件，案由的确定方法为：行政管理范围+行政赔偿。以税务工作人员在执法中致人伤亡单独提起行政赔偿之诉为例，如'税务行政赔偿'等。"

1.1.4 基本案情评分依据与标准

《最高人民法院关于人民法院直播录播庭审活动的规定》第一条规定："人民法院通过电视、互联网或者其他公共传媒系统对公开开庭审理案件的庭审过程进行图文、音频、视频的直播、录播，应当遵循依法、真实、规范的原则。"且"案情简介"是中国庭审公开网直播案件的必要因素，因此课题组结合上述规定之精神与实际情况设置本指标。

本指标主要从案情简介是否覆盖案由、案件阶段两个要素进行考核。

1.1.5 审判组织成员评分依据与标准

《中华人民共和国刑事诉讼法》第一百七十八条规定："基层人民法院、中级人民法院审判第一审案件，应当由审判员三人或者由审判员和人民陪审员共三人组成合议庭进行，但是基层人民法院适用简易程序的案件可以由审判员一人独任审判。高级人民法院、最高人民法院审判第一审案件，应当由审判员三人至七人或者由审判员和人民陪审员共三人至七人组成合议庭进行。人民陪审员在人民法院执行职务，同审判员有同等的权利。人民法院审判上诉和抗诉案件，由审判员三人至五人组成合议庭进行。合议庭的成员人数应当是单数。合议庭由院长或者庭长指定审判员一人担任审判长。院长或者庭长参加审判案件的时候，自己担任审判长。"

《中华人民共和国民事诉讼法》第三十九条规定："人民法院审理第一审民事案件，由审判员、陪审员共同组成合议庭或者由审判员组成合议庭。合议庭的成员人数，必须是单数。适用简易程序审理的民事案件，由审判员一人独任审理。陪审员在执行陪审职务时，与审判员有同等的权利义务。"第四十条规定："人民法院审理第二审民事案件，由审判员组成合议庭。合议庭的成员人数，必须是单数。发回重审的案件，原审人民法院应当按照第一审程序另行组成合议庭。审理再审案件，原来是第一审的，按照第一审程序另行组成合议庭；原来是第二审的或者是上级人民法院提审的，按照第二审程序另行组成合议庭。"

《中华人民共和国行政诉讼法》第六十八条规定："人民法院审理行政案件，由审判员组成合议庭，或者由审判员、陪审员组成合议庭。合议庭的成员，应当是三人以上的单数。"

综上所述，根据我国三大诉讼法对审判组织成员的规定，经课题组适当调整后对本指标进行评估。

1.1.6 员额法官庭审直播案件覆盖率评分依据与标准

《最高人民法院关于加强各级人民法院院庭长办理案件工作的意见（试行）》（法发〔2017〕10号）第四条规定："基层、中级人民法院可以根据本院的收结案情况，结合完成审判工作任务的需要，在本意见规定的最低标准基础上，适当提高本院院庭长独立承办和参与审理的案件数量。高级人民法院和最高人民法院院庭长办案数量的最低标准，分别由高级人民法院和最高人民法院规定。"

本指标以上述规定相关标准，结合人民法院的具体情况进行评估。

1.1.7 院长办案直播情况评分依据与标准

《最高人民法院关于加强各级人民法院院庭长办理案件工作的意见（试行）》（法发〔2017〕10号）第四条规定："基层、中级人民法院的庭长每年办案量应当达到本部门法官平均办案量的50%—70%。基层人民法院院长办案量应当达到本院法官平均办案量的5%—10%，其他入额院领导应当达到本院法官平均办案量的30%—40%。中级人民法院院长办案量应当达到本院法官平均办案量的5%，其他入额院领导应当达到本院法官平均办案量的20%—30%。基层、中级人民法院可以根据本院的收结案情况,结合完成审判工作任务的需要,在本意见规定的最低标准基础上,适当提高本院院庭长独立承办和参与审理的案件数量。高级人民法院和最高人民法院院庭长办案数量的最低标准,分别由高级人民法院和最高人民法院规定。"

本指标以上述规定相关标准,结合人民法院的具体情况进行评估。

1.1.8 诉讼参与人画面展示情况评分依据与标准

根据《最高人民法院关于加快建设智慧法院的意见》(法发〔2017〕12号)的规定及精神,在庭审视频直播中,刑事案件应有四个镜头,分别展示审判组织成员、公诉人、犯罪嫌疑人、辩护律师;民事案件及行政案件应有三个镜头分别展示审判组织成员、原告、被告。

本指标参考该规定进行评估。

1.2.1 案件总数评分依据与标准

根据《最高人民法院关于加快建设智慧法院的意见》的规定及精神,案件总数的评分标准如下:以被评估法院同一层级法院的案件平均数为标准,以50件为基准进行加减分处理;超过30件按50件计。如果中国庭审公开网所显示数据与法院自建直播网站不符,以数量高者为准;但法院自建网站无法通过检索核查真实性的，以中国庭审公开网为准。

本指标参考该规定及法院具体情况进行评估。

1.2.2 直播比例评分依据与标准

根据相关法律和《最高人民法院关于加快建设智慧法院的意见》的规定及精神，直播案件比例的评分标准以案件直播量与最高院提供结案量的不同比例进行综合评估。

1.2.3 案件类型比例评分依据与标准

根据《最高人民法院关于加快建设智慧法院的意见》的规定及精神，以及最高院相关通告规定，在刑事、民事、行政三类案件中，以每一类案件的直播案件量占所有在中国庭审公开网直播案件量的比例与每一类案件占年度结案量比例相比进行计分。

1.2.4 员额法官人均直播案件数评分依据与标准

《最高人民法院司法责任制实施意见（试行）》（法发〔2017〕20号）第71点要求："院长主持考评委员会开展办案业绩考核工作，指导审判管理办公室健全完善办案业绩评价体系，运用权重系数计算办法科学测定办案工作量，合理评价法官办案数量、质量、效率和效果，对法官办案业绩提出考核意见。"

本指标根据该点的要求与精神，结合司法公开尤其是庭审直播的要求，以员额法官人均直播数与同一层级被评估法院平均数的相关比例进行评分。

1.3.1 画面质量评分依据与标准

根据《人民法院审判法庭信息化建设规范（试行）》中"三、建设内容及要求"中的"（四）音视频管理"第2点第（1）项："信息采集：实时采集庭审音视频信息。可以采集、传输、存储一路或多路庭审画面。也可以采编一路或多路复合画面（包含摄像机信号和证据信号）图像质量应达到四级（GB50348-2004）以上。"

根据《最高人民法院关于加快建设智慧法院的意见》和最高院2016年印发的《科技法庭应用技术要求》对视频采集和庭审实况的要求：最终庭审视频合成画面分辨率要求不低于1080p。

本指标采用课题组以上述规定为基础，通过抽查案件审核的方式进行评分。

1.3.2 播出音效评分依据与标准

根据《人民法院审判法庭信息化建设规范（试行）》中"三、建设内容及要求"中的"（六）灯光音响"第2点第（4）项："满足国家标准GB50371—2006—《厅堂扩声系统设计规范》中的会议类扩声系统声学特性指标。"

本指标以上述标准为基础，以案件直播声音清晰辨认程度、流畅程度等情况进行综合评分。

1.3.3 直播完整程度评分依据与标准

根据《最高人民法院关于人民法院庭审录音录像的若干规定》第一条之规定："人民法院开庭审判案件，应当对庭审活动进行全程录音录像。"第三条规定："庭审录音录像应当自宣布开庭时开始，至闭庭时结束。除下列情形外，庭审录音录像不得人为中断：（一）休庭；（二）公开庭审中的不公开举证、质证活动；（三）不宜录制的调解活动。负责录音录像的人员应当对录音录像的起止时间、有无中断等情况进行记录并附卷。"

综上，本指标以庭审直播完整程度对该指标进行评分。

1.3.4 直播庭审秩序评分依据与标准

根据《中华人民共和国刑事诉讼法》《中华人民共和国民事诉讼法》《中华人民共和国行政诉讼法》及《中华人民共和国人民法院法庭规则》（法释〔2016〕7号）、《最高人民法院办公厅关于进一步加强法庭审判秩序管理的通知》（法办〔2009〕600号）等规范性文件对庭审秩序作出的规定，违反庭审秩序的主要体现有：（1）除需在法庭上出示之证据外携带："（一）枪支、弹药、管制刀具以及其他具有杀伤力的器具；（二）易燃易爆物、疑似爆炸物；（三）放射性、毒害性、腐蚀性、强气味性物质以及传染病病原体;(四)液体及胶状、粉末状物品;(五)标语、条幅、传单;(六)其他可能危害法庭安全或妨害法庭秩序的物品。"(2)下列人员旁听庭审:"(一)证人、鉴定人以及准备出庭提出意见的有专门知识的人;(二)未获得人民法院批准的未成年人;(三)拒绝接受安全检查的人;(四)醉酒的人、精神病人或其他精神状态异常的人;(五)其他有可能危害法庭安全或妨害法庭秩序的人。"(3)法庭纪律规定的部分:"(一)鼓掌、喧哗;(二)吸烟、进食;(三)拨打或接听电话;(四)对庭审活动进行录音、录像、拍照或使用移动通信工具等传播庭审活动;(五)其他危害法庭安全或妨害法庭秩序的行为。"(4)依法追究刑事责任的行为:"哄闹、冲击法庭";"侮辱、诽谤、威胁、殴打司法工作人员或诉讼参与人";"毁坏法庭设施,抢夺、损毁诉讼文书、证据"。

发生上述扰乱法庭秩序的情况时,根据上述规范性文件,相关处理行动如下:(1)审判长或独任审判员对违反法庭纪律的人员应当予以警告;对不听警告的,予以训诫;对训诫无效的,责令其退出法庭;对拒不退出法庭的,指令司法警察将其强行带出法庭。行为人对庭审活动进行录音、录像、拍照或使用移动通信工具等传播庭审活动的,人民法院可以暂扣其使用的设备及存储介质,删除相关内容;(2)司法警察依照审判长或独任审判员的指令维持法庭秩序。出现危及法庭内人员人身安全或者严重扰乱法庭秩序等紧急情况时，司法警察可以直接采取必要的处置措施。人民法院依法对违反法庭纪律的人采取的扣押物品、强行带出法庭以及罚款、拘留等强制措施，由司法警察执行。

本项指标以庭审过程平稳、有序进行及出现状况时法官能及时处理为基本准则进行评分。

1.3.5 直播庭审礼仪评分依据与标准

相关规范如下：《中华人民共和国法官法》《中华人民共和国公务员法》《法官行为规范》（法发〔2010〕54号）、《中华人民共和国人民法院法庭规则》（法释〔2016〕7号）、《最高人民法院办公厅关于进一步加强法庭审判秩序管理的通知》（法办〔2009〕600号）。

本指标主要规范对象为法官及书记员。根据上述规范性文件的规定，对法院及书记员的礼仪要求总结如下：第一，准时出庭，不迟到，不早退，不缺席。第二，在进入法庭前必须更换好法官服或者法袍，并保持整洁和庄重，严禁着便装出庭；合议庭成员出庭的着装应当保持统一。第三，不得与诉讼各方随意打招呼，不得与一方有特别亲密的言行。第四，严禁酒后出庭。第五，坐姿端正，杜绝各种不雅动作。第六，集中精力，专注庭审，不做与庭审活动无关的事。第七，不得在审判席上吸烟、闲聊或者打瞌睡，不得接打电话，不得随意离开审判席。第八，礼貌对待当事人及其他诉讼参与人。第九，不得与当事人及其他诉讼参加人争吵。

综上，本指标以审判人员及书记员是否违反礼仪要求进行评分。

1.3.6 出席情况评分依据与标准

根据《中华人民共和国法官法》第五条："法官的职责：（一）依法参加合议庭审判或者独任审判案件；（二）法律规定的其他职责。"根据《法官行为规范》（法发〔2010〕54号）第二十九条规定，出庭时注意事项："（一）准时出庭，不迟到，不早退，不缺席。"本指标以庭审人员的出席情况进行评分。

1.4 证人、被害人及需要保护的出庭人员保护与个人信息保护评分依据与标准

根据《最高人民法院关于人民法院直播录播庭审活动的规定》第三条："人民法院进行庭审直播、录播，应当严格按照法律规定的公开范围进行，涉及未成年人、被害人或者证人保护等问题，以及其他不宜公开的内容的，应当进行相应的技术处理。"根据相关技术情况，对出庭相应人员的面部特征、生理特征进行马赛克处理即可。

经课题组抽查审核，以案件直播符合个人信息保护规范情况为基准进行评分。

2.1.1 板块建设评分依据与标准

《最高人民法院关于加快建设智慧法院的意见》规定了"提升司法公开工作水平"的相关措施。包括："充分运用互联网技术，完善司法公开四大平台建设，助推司法公开工作，促进实现审判执行全要素依法公开；推动司法公开信息全面汇总、深度关联、便捷查询，提升司法信息公开水平和服务能力；继续推进庭审公开，通过互联网多渠道公开庭审过程，让遍布各地的更多人群'走进'法庭，切实感受阳光司法的不断进步；进一步加强互联网监督投诉平台建设和推广应用，强化社会公众对人民法院各项工作的全面监督作用。"

根据该规定的要求及精神，本指标通过法院在其官方网站是否设置与中国庭审公开网的链接板块为基础进行评估。

2.1.2 接入及直播情况评分依据与标准

《最高人民法院关于加快建设智慧法院的意见》规定："要充分运用互联网技术，完善司法公开四大平台建设，助推司法公开工作，促进实现审判执行全要素依法公开；推动司法公开信息全面汇总、深度关联、便捷查询，提升司法信息公开水平和服务能力；继续推进庭审公开，通过互联网多渠道公开庭审过程，让遍布各地的更多人群'走进'法庭，切实感受阳光司法的不断进步；进一步加强互联网监督投诉平台建设和推广应用，强化社会公众对人民法院各项工作的全面监督作用。"

根据该规定的要求及精神，本指标以被评估的法院接入中国庭审公开网及直播案件实际情况进行评分。

2.2 主管领导与主管部门评分依据与标准

根据《最高人民法院关于加快建设智慧法院的意见》第（二十二）项："建立专业化人才保障体系。全面落实最高人民法院《关于人民法院信息化人才队伍建设的意见》，制定完善细则，督促贯彻实施，为智慧法院建设提供坚实的人才队伍保障。"

另外根据《人民法院信息化建设五年发展规划（2013—2017）》"五、保障措施"中第（四）项："加强队伍建设，稳定安全运行。加强人民法院信息化机构和队伍建设，构建完善的队伍保障机制。要积极与当地机构编制管理部门沟通协调，在高级人民法院、中级人民法院和有条件的基层人民法院设立信息化工作专门机构，实现信息化工作的归口管理。高级以上人民法院，要争取新增或在原有领导职数中解决设置总工程师，实现信息化工作的专业化指导。各级人民法院应根据本院信息化工作量和岗位职责要求，尽快配备足够的信息技术人员,确保信息化工作顺利开展。"

本指标考察庭审直播平台领导部门和领导人员及部门内职责分工。

2.3 运维人员、部门及网络安全维护评分依据与标准

根据《最高人民法院关于加快建设智慧法院的意见》第(二十二)项:"建立专业化人才保障体系。全面落实最高人民法院《关于人民法院信息化人才队伍建设的意见》,制定完善细则,督促贯彻实施,为智慧法院建设提供坚实的人才队伍保障。"

另外根据《人民法院信息化建设五年发展规划(2013—2017)》"五、保障措施"中第(四)项:"加强队伍建设,稳定安全运行。加强人民法院信息化机构和队伍建设,构建完善的队伍保障机制。要积极与当地机构编制管理部门沟通协调,在高级人民法院、中级人民法院和有条件的基层人民法院设立信息化工作专门机构,实现信息化工作的归口管理。高级以上人民法院,要争取新增或在原有领导职数中解决设置总工程师,实现信息化工作的专业化指导。各级人民法院应根据本院信息化工作量和岗位职责要求,尽快配备足够的信息技术人员,确保信息化工作顺利开展。"

综上,本指标考察各法院专门技术保障运维人员

运行和维护庭审直播平台的情况及网络安全保障及突发情况处置制度。

3.1 庭审直播相关制度规范评分依据与标准

根据《人民法院信息化建设五年发展规划（2013—2017）》"五、保障措施"中第（五）项："建立上级法院对下级法院信息化工作的管理体系，逐步加大指导和监督的力度。研究制定人民法院信息化建设效能评价指标体系、系统验收运行效能评价体系。明确领导者、建设者、使用者和管理者在信息化工作中的岗位责任。积极推进信息化相关规章制度建设，完善监督措施与办法。强化信息化制度落实检查机制，注重信息化应用方面考核和奖惩等规章制度的制定和执行。将信息化工作纳入法院工作目标考核范围。加大对审判人员应用信息化系统和设备的培训力度。"

本指标以被评估法院具备庭审相关制度规范的完整程度进行评分，完整的庭审相关制度规范包括但不限于以下八项：直播质量规范、案件选取规范、不公开审批规范、礼仪秩序规范、证人作证规范、质量考核规范、紧急预案规范和视频删除规范。

3.2 督促通报考核制度评分依据与标准

根据《人民法院信息化建设五年发展规划（2013—2017）》"五、保障措施"中第（五）项："建立上级法院对下级法院信息化工作的管理体系，逐步加大指导和监督的力度。研究制定人民法院信息化建设效能评价指标体系、系统验收运行效能评价体系。明确领导者、建设者、使用者和管理者在信息化工作中的岗位责任。积极推进信息化相关规章制度建设，完善监督措施与办法。强化信息化制度落实检查机制，注重信息化应用方面考核和奖惩等规章制度的制定和执行。将信息化工作纳入法院工作目标考核范围。加大对审判人员应用信息化系统和设备的培训力度。"

本指标考察被评估法院向最高院提交体现该法院进行庭审直播考核的考核文件具体情况。

4.1.1 庭审直播公告内容评分依据与标准

《中华人民共和国刑事诉讼法》第一百八十二条规定："人民法院确定开庭日期后，应当将开庭的时间、地点通知人民检察院，传唤当事人，通知辩护人、诉讼代理人、证人、鉴定人和翻译人员，传票和通知书至迟在开庭三日以前送达。公开审判的案件，应当在开庭三日以前先期公布案由、被告人姓名、开庭时间和地点。"

因此，以中国庭审公开网作为庭审直播公告抽查信息来源，考察课题组随机抽查的月份中（此次为2017年12月）被评估法院的庭审直播公告情况。

4.1.2 庭审直播公告准确性评分依据与标准

《中华人民共和国刑事诉讼法》第一百八十二条规

定："人民法院确定开庭日期后，应当将开庭的时间、地点通知人民检察院，传唤当事人，通知辩护人、诉讼代理人、证人、鉴定人和翻译人员，传票和通知书至迟在开庭三日以前送达。公开审判的案件，应当在开庭三日以前先期公布案由、被告人姓名、开庭时间和地点。"

本指标考察法院对庭审直播案件进行直播公告且案件如期直播情况。

4.2 新闻宣传评分依据与标准

根据《最高人民法院关于加快建设智慧法院的意见》中的第（十三）项规定："构建多渠道权威信息发布平台。利用互联网、移动互联网应用平台等，构建网站、微信、微博和 APP 客户端等多渠道权威信息发布平台，促进社会公众了解、参与、监督法院工作。"

本指标考察法院提供的对庭审直播工作进行新闻宣传的情况。

4.3 邀请人大代表、专家学者等旁听评分依据与标准

根据《司法公开示范法院标准》第四项的规定："依照法律和司法解释规定应当公开审理的案件一律公开审理。公开开庭审理的案件允许当事人近亲属、媒体记者和公众旁听，不得对旁听庭审设置障碍。对影

响重大、社会关注度较高的案件，应根据旁听人数尽量安排合适的审判场所。定期邀请人大代表、政协委员和社会组织代表旁听庭审。"

本指标根据上述规定考察法院邀请外来人员旁听进行庭审直播中的案件的情况。

第四章 庭审公开评估结果

一 参评法院情况

(一) 法院选取方案

在评估指标体系设置完成之后,评估实施的另一个重要问题就是评估谁,也即评估对象问题。就被评估法院的确定而言,经与最高人民法院相关部门反复协商,最终确定的评估法院选取方案是:在保证最高人民法院对全国法院的统一指导的基础上,充分发挥地方人民法院的主观能动性;同时兼顾被分析样本及数据获取的普遍性、覆盖的全面性以及各层级法院的代表性。具体规则如下:

第一,最高人民法院纳入本次考核;第二,高院层面选取全部省、自治区、直辖市高级人民法院,含兵团分院在内共32家;第三,中院层面选取省会市、直辖市高院所在辖区的中院,省(自治区、直辖市)

高院推荐的中级人民法院，以及最高人民法院指定的1家中级人民法院［指定法院为新收案件量位于该省（自治区、直辖市）案件量中数的中级人民法院］，每省（自治区、直辖市、兵团）3家，每类32家，共96家中院；第四，基层院方面选取省（自治区、直辖市）高院推荐的1家基层法院和最高人民法院指定的两家基层人民法院［指定法院以新收案件量为基准，选取位于全省（自治区、直辖市）新收案件量第一名和新收案件量为中数的基层人民法院］，每省（自治区、直辖市、兵团）3家，每类32家，共96家基层法院。就全国情况来看，除最高人民法院自身外，每个省（自治区、直辖市）法院系统均有1家高院、3家中院和3家基层法院共7家人民法院参与评估，连同新疆高院兵团分院系统的7家法院在内，全国共有225家法院作为本次庭审公开第三方评估的评估对象参与评估。

（二）参评法院名单

最高人民法院审判管理办公室在《关于委托中国社科院法学所开展庭审公开第三方评估报送相关材料的通知》［法（审管办）明传〔2017〕31号］中确定并详列了本次受考核评估的224家（此表中未包含最高人民法院）地方法院名单，并下发各级法院。

表 4-1 参评法院名单

序号	地区	高级人民法院	中级人民法院（省会、直辖市高院所在辖区）	中级人民法院（新收案件数量处于中位）	中级人民法院（高院推荐）	基层人民法院（新收案件数量处于第一位）	基层人民法院（新收案件数量处于中位）	基层人民法院（高院推荐）
1	北京	北京市高级人民法院	北京市第一中级人民法院	北京知识产权法院	北京市第二中级人民法院	北京市朝阳区人民法院	北京市顺义区人民法院	北京市怀柔区人民法院
2	天津	天津市高级人民法院	天津市第一中级人民法院	天津海事法院	天津市第二中级人民法院	天津市滨海新区人民法院	天津市河东区人民法院	天津市河西区人民法院
3	河北	河北省高级人民法院	石家庄市中级人民法院	河北省廊坊市中级人民法院	河北省保定市中级人民法院	秦皇岛市海港区人民法院	衡水市枣强县人民法院	石家庄市桥西区人民法院
4	山西	山西省高级人民法院	山西省太原市中级人民法院	山西省吕梁市中级人民法院	山西省长治市中级人民法院	运城市盐湖区人民法院	晋中市寿阳县人民法院	长治市沁源县人民法院
5	内蒙古	内蒙古自治区高级人民法院	内蒙古自治区呼和浩特市中级人民法院	内蒙古自治区巴彦淖尔市中级人民法院	内蒙古自治区兴安盟中级人民法院	赤峰市阿鲁科尔沁旗人民法院	霍林郭勒市人民法院	兴安盟科右前旗人民法院
6	辽宁	辽宁省高级人民法院	辽宁省沈阳市中级人民法院	辽宁省丹东市中级人民法院	辽宁省本溪市中级人民法院	沈阳市沈河区人民法院	抚顺市新抚区人民法院	盘锦市大洼区人民法院
7	吉林	吉林省高级人民法院	吉林省长春市中级人民法院	吉林省白城市中级人民法院	吉林省吉林市中级人民法院	延边朝鲜族自治州延吉市人民法院	白城市镇赉县人民法院	辽源市东丰县人民法院
8	黑龙江	黑龙江省高级人民法院	黑龙江省哈尔滨市中级人民法院	黑龙江省鸡西市中级人民法院	黑龙江省大庆市中级人民法院	哈尔滨市南岗区人民法院	牡丹江市爱民区人民法院	鸡西市鸡冠区人民法院

续表

序号	地区	高级人民法院	中级人民法院（省会、直辖市高院所在辖区）	中级人民法院（新收案件数量处于中位）	中级人民法院（高院推荐）	基层人民法院（新收案件数量处于第一位）	基层人民法院（新收案件数量处于中位）	基层人民法院（高院推荐）
9	上海	上海市高级人民法院	上海市第一中级人民法院	上海海事法院	上海市第三中级人民法院	上海市第一中级人民法院浦东新区人民法院	上海市第二中级人民法院杨浦区人民法院	上海市第二中级人民法院虹口区人民法院
10	江苏	江苏省高级人民法院	江苏省南京市中级人民法院	江苏省连云港市中级人民法院	江苏省徐州市中级人民法院	苏州市昆山市人民法院	淮安市淮安区人民法院	泰州市海陵区人民法院
11	浙江	浙江省高级人民法院	浙江省杭州市中级人民法院	浙江省台州市中级人民法院	浙江省绍兴市中级人民法院	金华市义乌市人民法院	湖州市安吉县人民法院	台州市椒江区人民法院
12	安徽	安徽省高级人民法院	安徽省合肥市中级人民法院	安徽省蚌埠市中级人民法院	安徽省淮南市中级人民法院	合肥市瑶海区人民法院	淮南市潘集区人民法院	合肥市蜀山区人民法院
13	福建	福建省高级人民法院	福建省福州市中级人民法院	福建省龙岩市中级人民法院	福建省宁德市人民法院	晋江市人民法院	泉州市泉港区人民法院	三明市将乐县人民法院
14	江西	江西省高级人民法院	江西省南昌市中级人民法院	江西省九江市中级人民法院	江西省新余市中级人民法院	宜春市袁州区人民法院	九江市庐山区人民法院	九江市彭泽县人民法院
15	山东	山东省高级人民法院	山东省济南市中级人民法院	山东省菏泽市中级人民法院	山东省东营市中级人民法院	临沂市兰山区人民法院	青岛市崂山区人民法院	东营市垦利区人民法院
16	河南	河南省高级人民法院	河南省郑州市中级人民法院	河南省许昌市中级人民法院	河南省驻马店市中级人民法院	郑州市金水区人民法院	驻马店市西平县人民法院	焦作市温县人民法院

续表

序号	地区	高级人民法院	中级人民法院（省会、直辖市高院所在辖区）	中级人民法院（新收案件数量处于中位）	中级人民法院（高院推荐）	基层人民法院（新收案件数量处于第一位）	基层人民法院（新收案件数量处于中位）	基层人民法院（高院推荐）
17	湖北	湖北省高级人民法院	湖北省武汉市中级人民法院	湖北省黄石市中级人民法院	湖北省咸宁市中级人民法院	武汉市武昌区人民法院	宜昌市伍家岗区人民法院	武汉市江汉区人民法院
18	湖南	湖南省高级人民法院	湖南省长沙市中级人民法院	湖南省邵阳市中级人民法院	湖南省郴州市中级人民法院	长沙市岳麓区人民法院	衡阳市衡东县人民法院	岳阳市临湘市人民法院
19	广东	广东省高级人民法院	广东省广州市中级人民法院	广东省茂名市中级人民法院	广东省汕头市中级人民法院	深圳市福田区人民法院	汕头市龙湖区人民法院	阳江市阳西县人民法院
20	广西	广西壮族自治区高级人民法院	广西壮族自治区南宁市中级人民法院	广西壮族自治区玉林市中级人民法院	广西壮族自治区桂林市中级人民法院	南宁市青秀区人民法院	柳州市融安县人民法院	南宁市江南区人民法院
21	海南	海南省高级人民法院	海南省海口市中级人民法院	海南省三亚市中级人民法院	海南省第一中级人民法院	海口市龙华区人民法院	东方市人民法院	琼海市人民法院
22	重庆	重庆市高级人民法院	重庆市第一中级人民法院	重庆市第二中级人民法院	重庆市第四中级人民法院	重庆市渝中区人民法院	重庆市开州区人民法院	重庆市大渡口区人民法院
23	四川	四川省高级人民法院	四川省成都市中级人民法院	四川省攀枝花市中级人民法院	四川省乐山市中级人民法院	成都高新技术产业开发区人民法院	达州市万源市人民法院	成都市邛崃市人民法院
24	贵州	贵州省高级人民法院	贵州省贵阳市中级人民法院	贵州省安顺市中级人民法院	贵州省遵义市中级人民法院	贵阳市南明区人民法院	铜仁市松桃苗族自治县人民法院	毕节市织金县人民法院

续表

序号	地区	高级人民法院	中级人民法院（省会、直辖市高院所在辖区）	中级人民法院（新收案件数量处于中位）	中级人民法院（高院推荐）	基层人民法院（新收案件数量处于第一位）	基层人民法院（新收案件数量处于中位）	基层人民法院（高院推荐）
25	云南	云南省高级人民法院	云南省昆明市中级人民法院	云南省玉溪市中级人民法院	云南省楚雄州中级人民法院	昆明市五华区人民法院	德宏傣族景颇族自治州盈江县人民法院	安宁市人民法院
26	西藏	西藏自治区高级人民法院	西藏自治区拉萨市中级人民法院	西藏自治区昌都市中级人民法院	西藏自治区林芝市中级人民法院	拉萨市城关区人民法院	那曲市聂荣县人民法院	林芝市巴宜区人民法院
27	陕西	陕西省高级人民法院	陕西省西安市中级人民法院	陕西省宝鸡市中级人民法院	陕西省渭南市中级人民法院	西安市未央区人民法院	咸阳市旬邑县人民法院	延安市吴起县人民法院
28	甘肃	甘肃省高级人民法院	甘肃省兰州市中级人民法院	甘肃省张掖市中级人民法院	甘肃省天水市中级人民法院	张掖市甘州区人民法院	平凉市庄浪县人民法院	庆阳市庆城县人民法院
29	宁夏	宁夏回族自治区高级人民法院	宁夏回族自治区银川市中级人民法院	宁夏回族自治区吴忠市中级人民法院	宁夏回族自治区中卫市中级人民法院	银川市兴庆区人民法院	中卫市沙坡头区人民法院	中卫市中宁县人民法院
30	青海	青海省高级人民法院	青海省西宁市中级人民法院	青海省海北藏族自治州中级人民法院	青海省海东市中级人民法院	西宁市城东区人民法院	海西蒙古族藏族自治州乌兰县人民法院	西宁市城中区人民法院
31	新疆	新疆维吾尔自治区高级人民法院	新疆维吾尔自治区乌鲁木齐市中级人民法院	新疆维吾尔自治区伊犁哈萨克自治州塔城地区中级人民法院	新疆维吾尔自治区克拉玛依市中级人民法院	乌鲁木齐市沙依巴克区人民法院	巴音郭楞蒙古自治州轮台县人民法院	昌吉回族自治州昌吉市人民法院

续表

序号	地区	高级人民法院	中级人民法院（省会、直辖市高院所在辖区）	中级人民法院（新收案件数量处于中位）	中级人民法院（高院推荐）	基层人民法院（新收案件数量处于第一位）	基层人民法院（新收案件数量处于中位）	基层人民法院（高院推荐）
32	兵团	兵团分院	新疆生产建设兵团第一师中级人民法院	新疆生产建设兵团第十二师中级人民法院	新疆生产建设兵团第二师中级人民法院	新疆生产建设兵团五家渠垦区人民法院	新疆生产建设兵团塔斯海垦区人民法院	新疆生产建设兵团芳草湖垦区人民法院
合计		32	32	32	32	32	32	32

二 评估结果及分析

（一）全国概况

1. 接入中国庭审公开网情况

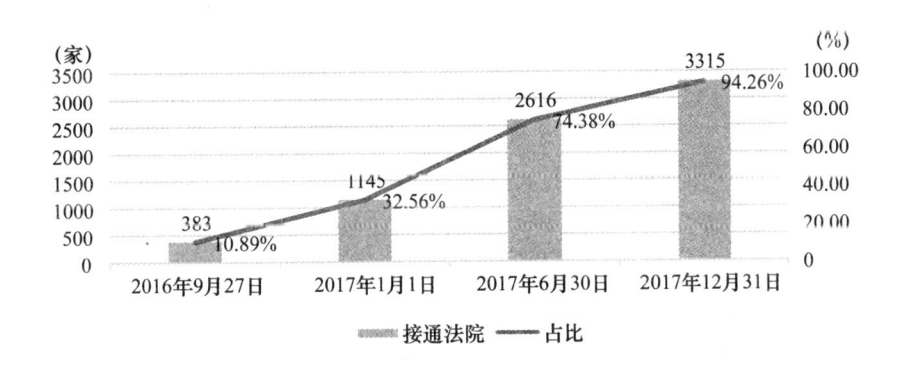

图 4-1 各级各地法院接入中国庭审公开网进程

由图 4-1 可以看出，在 2016 年 9 月 27 日，也即中国庭审公开网开通之时，全国仅有 383 家法院接入中国庭审公开网,占比10.89%;2017年1月1日,全国共1145家法院接入中国庭审公开网,占比32.56%;而2017年6月30日,全国接入中国庭审公开网的法院已经达到2616家,占比跃至74.38%,截至课题组在评估期间最后一次统计,即2017年12月31日,全国已有3315家法院接入了中国庭审公开网,占全国法院总数的94.26%。仅2017年一年的时间,全国庭审公开网的法院接通率就增长了61.70%,其增速不可谓不快,发展态势也不可谓不迅猛。而根据最新的统计数据,2018年2月11日,全国共3517家法院已全部接入中国庭审公开网,接通率为100%。

2. 不同层级法院接入情况

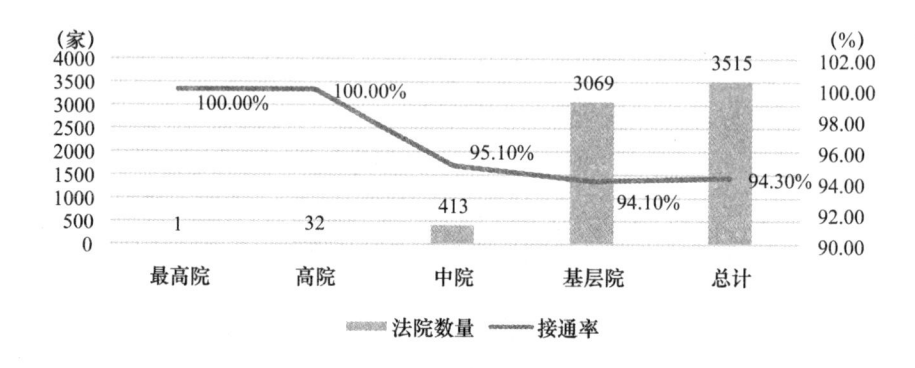

图 4-2 不同层级接入情况

由图4-2可以看出,截至2017年12月31日,最高院和全国32家高级法院已经实现了全部接入,而413家中院中仍有20家中院未接入,接入中级法院占比为95.10%；3069家基层院中当时还有181家法院未接入，接入法院占比94.10%。综合全国法院情况，3515家法院中当时有201家法院未接入中国庭审公开网，整体接入率为94.30%，中院、基层院与全国未接通法院情况基本一致，占所在层级法院的5%左右。但仅仅40天之后，我们就实现了各级各地人民法院全部接入中国庭审公开网。

3. 接入法院开展庭审视频直播情况

接入中国庭审公开网只是庭审直播工作的起点，接入后要有案件在该平台上进行直播才算是在实质意义上实现了庭审直播和庭审公开的效果。

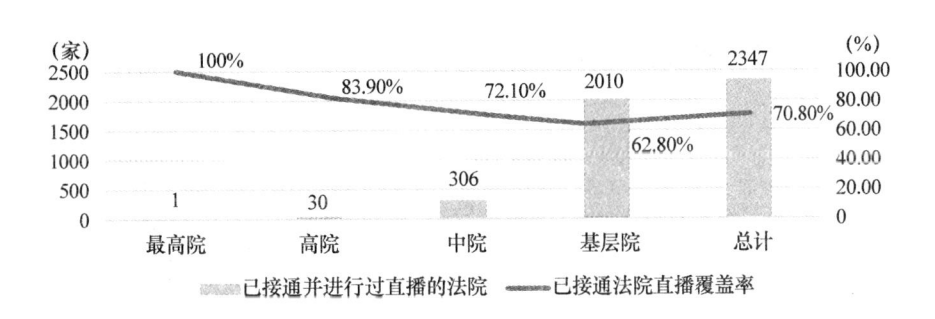

图4-3 接入法院开展庭审视频直播情况

由图4-3可以看出，截至2017年12月31日，在中国庭审公开网上有直播案件的法院在该层级全部法院占比，也即庭审直播覆盖率仍不理想，高院有30家法院接通并直播庭审，占比83.90%；全国中院有306家法院接入并直播庭审，占比72.10%；而基层院有

2010家直播庭审,占比只有62.80%,是各层级法院直播覆盖率最低的一级法院。综合全国情况,共有2347家法院接入并有案件直播,占比70.80%,就是说全国29.20%的法院还有待起步,提升已接通法院庭审直播覆盖率应该进一步加快进程。事实上,截至2018年7月27日,全国法院中仍未在中国庭审公开网开展任何庭审视频直播活动的仍然为数不少。当然,也有直播表现突出的法院,如江苏泰州所辖海陵区人民法院(11873件)和兴化市人民法院(12218件)、江苏无锡所辖江阴市人民法院(10235件)以及湖北武汉市江汉区人民法院(12230件)四个累计庭审直播超过万件的基层法院。

4. 庭审案件数量情况

表4-2 2017年播出案件数量前10名的高级人民法院及案件量

排名	法院名称	接入与否	案件数(件)
1	河北省高级人民法院	接入	661
2	云南省高级人民法院	接入	653
3	山西省高级人民法院	接入	484
4	山东省高级人民法院	接入	399
5	青海省高级人民法院	接入	319
6	辽宁省高级人民法院	接入	237
7	河南省高级人民法院	接入	236
8	吉林省高级人民法院	接入	165
9	浙江省高级人民法院	接入	103

续表

排名	法院名称	接入与否	案件数（件）
10	江西省高级人民法院	接入	98

注：部分高院的播出案件系后期上传至中国庭审公开网，虽然计算在2017年播出案件量中，但在评估计分时，将扣除录播案件。下同。

表4-3　2017播出案件数量前10名的中级人民法院及案件量

排名	中级法院	所在省	案件数（件）
1	广州市中级人民法院	广东省	2263
2	昆明市中级人民法院	云南省	1601
3	大同市中级人民法院	山西省	1534
4	亳州市中级人民法院	安徽省	1530
5	徐州市中级人民法院	江苏省	1313
6	驻马店市中级人民法院	河南省	1059
7	长治市中级人民法院	山西省	966
8	太原市中级人民法院	山西省	918
9	西宁市中级人民法院	青海省	840
10	淮安市中级人民法院	江苏省	821

表4-4　2017年播出案件数量前10名的基层人民法院及案件量

排名	基层院	所在省	案件数（件）
1	兴化市人民法院	江苏省	5651
2	宜兴市人民法院	江苏省	4929
3	靖江市人民法院	江苏省	4865
4	扬州市邗江区人民法院	江苏省	4552
5	新沂市人民法院	江苏省	4139
6	泰州市海陵区人民法院	江苏省	4094
7	慈溪市人民法院	浙江省	4075

续表

排名	基层院	所在省	案件数（件）
8	泰州市姜堰区人民法院	江苏省	3894
9	江阴市人民法院	江苏省	3853
10	武汉市江汉区人民法院	湖北省	3806

表 4-5　　　　2017 年各层级法院直播案件平均数

法院层级	直播案件平均数（件）
高级法院	172
中级法院	217
基层法院	327

从表 4-2 至表 4-5 可以看出，就案件直播数量这一评估指标来看，全国各层级法院及同一层级法院之间案件数量仍存在较大差距，且法院层级越高，同一层级不同法院的直播案件数量差距越大，如在高院案件量排名前 10 的法院中，排第 1 名的河北省高院案件量为 661 件（含后期上传），排第 10 名的江西省高院案件量只有 98 件，河北省高院的案件量为江西省高院的 6.74 倍多；在中院案件量排名前 10 的法院中，广州市中院直播案件量为 2263 件，淮安市中院直播案件量为 821 件，广州市中院案件量为淮安市中院的近 3 倍；而在基层院前 10 排名中，排第 1 名法院的案件数是第 10 名的 1.48 倍。可见随着法院层级提升，法院间地区差异也相应增大。从评估前后课题组在一些法

院的实地调研情况来看,不同层级、不同地域法院之间庭审直播存在巨大差异的主要原因,首先在于各法院重视程度不同,尤其是一把手的重视程度不同。另外,基层院排名前 10 的法院中,江苏省有 8 个,客观反映出该省对庭审公开工作的重视和取得的显著成效。当然,这些法院已经都是庭审直播工作的佼佼者了。

5. 案件观看量

表 4-6　2017 年高级人民法院庭审直播观看量前 10 名案件及观看量

排名	法院名	案号	案件名称	案件分类	开庭时间	直播观看量（次）
1	黑龙江省高级人民法院	（2017）黑刑终 242 号	上诉人张雷雷故意杀人案	刑事	2017/10/16	1331800
2	广东省高级人民法院	（2016）粤民终 1932 号	侵害著作权及不正当竞争纠纷	民事	2017/4/25	291961
3	江苏省高级人民法院	（2017）苏民再 398 号	日月食品公司与太平洋保险海甸支公司及豪蒙土石方工程公司机动车交通事故责任纠纷案	民事	2017/12/25	223432
4	上海市高级人民法院	（2016）沪刑终 143 号	涉嫌故意杀人	刑事	2017/1/4	200307
5	江苏省高级人民法院	（2017）苏民初 52 号	申请执行人执行异议之诉	民事	2017/12/14	188433
6	江苏省高级人民法院	（2017）苏民初 18 号、（2017）苏民初 49 号	上海国利汽车真皮饰件有限公司诉江阴市西城钢铁有限公司买卖合同纠纷、江阴市西城钢铁有限公司诉上海国利汽车真皮饰件有限公司买卖合同纠纷	民事	2017/11/24	127051

续表

排名	法院名	案号	案件名称	案件分类	开庭时间	直播观看量（次）
7	广西壮族自治区高级人民法院	最高法行再87—92号	行政复议决定	行政	2017/12/15	108189
8	广东省高级人民法院	（2017）粤刑终582号	贪污	刑事	2017/11/27	103718
9	江苏省高级人民法院	（2017）苏民终1777号	VMI荷兰公司（VMI-HOLLANDB.V）与萨驰华辰机械公司、萨驰机械工程公司、盛世泰来橡胶科技公司侵害发明专利权纠纷案	民事	2017/12/8	95213
10	广东省高级人民法院	（2017）粤刑终1132号	故意杀人案	刑事	2017/11/15	92737

表4-7　2017年中级人民法院庭审直播观看量前10名案件及观看量

排名	省份	法院名	案号	案件名称	案件分类	开庭时间	直播观看量（次）
1	云南省	玉溪市中级人民法院	（2017）云04刑初96号	受贿罪	刑事	2017/11/23	11714672
2	青海省	玉树藏族自治州中级人民法院	（2017）青27刑初3号	故意伤害 窝藏包庇	刑事	2017/12/1	10858790
3	广东省	广州市中级人民法院	（2016）粤01刑初407号	集资诈骗罪	刑事	2017/6/6	3545098
4	山西省	朔州市中级人民法院	（2017）晋06刑初30号	国有公司、企业、事业单位人员失职罪、盗窃	刑事	2017/11/21	3108867

续表

排名	省份	法院名	案号	案件名称	案件分类	开庭时间	直播观看量（次）
5	山西省	临汾市中级人民法院	（2017）晋10刑初45号	故意杀人罪	刑事	2017/11/30	2820319
6	青海省	西宁市中级人民法院	（2017）青01刑初29号	故意伤害	刑事	2017/12/13	1746526
7	广东省	广州市中级人民法院	（2017）粤01刑初456号	贩卖、运输毒品罪、非法持有毒品、枪支、弹药罪、寻衅滋事罪	刑事	2017/11/28	1736451
8	山西省	晋中市中级人民法院	（2017）晋07刑初27号	故意杀人罪	刑事	2017/8/22	1732130
9	山西省	太原市中级人民法院	（2017）晋01刑终830号	被告人郭涛犯贪污罪、行贿罪、非法持有枪支罪一案	刑事	2017/12/15	1699260
10	青海省	果洛藏族自治州中级人民法院	（2017）青26刑初2号	抢劫罪	刑事	2017/9/22	1625969

表4-8　2017年基层人民法院庭审直播观看量前10名案件及观看量

排名	省份	法院名	案号	案件名称	案件分类	开庭时间	直播观看量（次）
1	山西省	沁源县人民法院	（2017）晋0431刑初71号	贪污罪	刑事	2017/12/12	10554022
2	甘肃省	陇南市武都区人民法院	（2017）甘1202刑初95号	被告人刘长江受贿、巨额财产来源不明案	刑事	2017/7/26	3071363

续表

排名	省份	法院名	案号	案件名称	案件分类	开庭时间	直播观看量（次）
3	甘肃省	临夏县人民法院	（2017）甘2921刑初144号	行贿	刑事	2017/12/19	2630038
4	甘肃省	民勤县人民法院	（2017）甘0621刑初162号	玩忽职守、受贿、行贿	刑事	2017/11/23	2529439
5	青海省	治多县人民法院	（2017）青2724刑初9号	寻衅滋事	刑事	2017/11/14	2252323
6	贵州省	施秉县人民法院	（2017）黔2623刑初91号	滥用职权罪、受贿罪	刑事	2017/12/13	1970322
7	广东省	汕头市龙湖区人民法院	（2017）粤0507刑初419号	危险驾驶	刑事	2017/9/27	1839878
8	甘肃省	华亭县人民法院	（2017）甘0824刑初79号	非法吸收公众存款	刑事	2017/11/17	1321580
9	山西省	寿阳县人民法院	（2017）晋07刑初16号	涉嫌销售伪劣产品	刑事	2017/5/17	1185113
10	青海省	同仁县人民法院	（2017）青2321刑初2号	故意伤害罪	刑事	2017/7/6	1133402

全国高院直播案件观看量前10的案件其观看次数都达到了9万次以上，其中前4名案件观看量达到了20万次以上，最受关注的案件观看量则突破了百万次；中院直播案件观看量前10名的案件观看量最低也突破了160万次，最高过千万次；基层院直播案件观

看量前10名的案件,观看量最低也突破了110万次,最高突破了千万次。这些数据从侧面也反映出庭审直播在公众中所形成的广泛影响。就案件类型来说,刑事案件在观看量排名中占比较大,反映出民众对于刑事案件审理的关注度略高于其他两类案件;就审理法院和审理地域来看,在全国高院中江苏高院和广东高院所审理的案件分别有4件和3件进入名单,也从侧面反映了江苏、广东两省在发挥和推广庭审公开作为司法公开方面的积极努力和成效取得。

(二) 高级人民法院得分情况及分析

1. 高院最终得分

经过数月漫长而严肃的评估,课题组对全部被评估的225家法院都进行了得分统计。从高院的情况来看,有16家表现不错,结果如表4-9所示。

表4-9　　　　　　高级人民法院得分情况

排名	法院	直播情况 (70分)	平台建设 (10分)	制度建设 (10分)	便民措施 (10分)	总分 (100)
1	江苏高院	51.17	10.00	8.00	7.33	76.50
2	浙江高院	50.17	10.00	8.00	7.33	75.50
3	云南高院	48.33	8.00	9.00	6.67	72.50
4	吉林高院	49.17	10.00	8.00	5.00	72.17

续表

排名	法院	直播情况（70分）	平台建设（10分）	制度建设（10分）	便民措施（10分）	总分（100）
5	山西高院	49.33	10.00	6.00	5.67	71.00
6	安徽高院	45.00	8.00	8.00	9.00	70.00
7	福建高院	43.16	10.00	8.00	8.00	69.16
8	青海高院	56.83	4.00	4.00	3.00	67.83
9	山东高院	45.10	9.00	10.00	2.67	66.77
10	广西高院	45.50	10.00	8.00	3.00	66.50
11	辽宁高院	44.33	10.00	8.00	3.00	65.33
12	广东高院	40.00	10.00	5.00	10.00	65.00
13	河北高院	40.50	10.00	8.00	5.00	63.50
14	黑龙江高院	48.00	6.00	8.00	1.00	63.00
15	河南高院	44.00	5.00	9.00	4.33	62.33
16	江西高院	42.26	7.00	3.00	9.00	61.26

2. 高院得失分原因

(1) 直播情况

直播情况这个一级指标总分值为70分,一级指标项下包含4个二级指标以及18个三级指标,全国高院此项指标的得分呈现如下特点:"基本案情""画面质量"和"证人、被害人及需要保护的出庭人员保护与个人信息保护"3项三级指标中,高院平均分超过全国法院平均分;同时,"案号""诉讼参与人画面展示情况""画面质量""播出音效""直播完整程度""直播庭审秩序""直播庭审礼仪""出席情况""证人、被害人及需要保护的出庭人员保护与个人信息保护"这9项指标中,超过60%的高院达到平均分以上,这10项指标得分情况整体较好;反之,"基本案情""审判组织成员""员额法官庭审直播覆盖率""院长办案直播情况""案件总数""直播比例""案件类型比例""员额法官人均直播案件数"8项指标均有50%以上法院未达到平均分。其中"院长办案直播情况"一项有91%的高院未达到平均分,失分较为严重。

(2)平台建设

表4-10　　　　　　　　高院平台建设情况　　　　　　　　单位:家、%

法院层级	与平均值比较	平台建设(10分)							
^	^	直播网站				主管领导与主管部门		运维人员、部门及网络安全维护	
^	^	板块建设		接入及直播情况		^	^	^	^
高院	以上	23	71.88	29	90.63	26	81.25	28	87.50
^	以下	9	28.12	3	9.37	6	18.75	4	12.50

平台建设这一一级指标总分值为10分,一级指标项下包含3个二级指标和2个三级指标,全国高院这个一级指标的得分的整体情况较好,4项指标的高院平均分均达到了该项指标分值中值之上,且各项指标得分高于平均分的高院整体达到了参评高院总数的70%之上。

(3) 制度建设

表4-11　　　　　　高院制度建设情况　　　　　单位：家、%

法院层级	与平均值比较	直播质量规范		案件选取规范		不公开审批规范		礼仪秩序规范	
高院	以上	13	40.63	23	71.88	26	81.25	18	56.25
	以下	19	59.37	9	28.12	6	18.75	14	43.75
法院层级	与平均值比较	证人作证规范		质量考核规范		紧急预案规范		视频删除规范	
高院	以上	18	56.25	21	65.63	15	46.88	10	31.25
	以下	14	43.75	11	34.37	17	53.12	22	68.75

制度建设这一一级指标总分值为10分，一级指标项下包含2个二级指标和8个三级指标，全国高院这个一级指标得分情况如下："案件选取规范""不公开审批规范""礼仪秩序规范""证人作证规范""质量考核规范"5个三级指标50%以上的高院达到了平均分以上，其中"不公开审批规范"有81.25%的高院此项指标得分超过高院平均分，得分情况较好；而与之相对的是"直播质量规范""紧急预案规范"以及"视频删除规范"3项指标50%以上的法院未达到指标平均分，失分情况较为严重。

(4) 便民措施

表 4-12　　　　　高院便民措施情况　　　　　单位：家、%

法院层级	与平均值比较	便民措施（10分）							
^	^	庭审直播公告				新闻宣传		邀请人大代表、专家学者等旁听	
^	^	公告内容		公告准确性		^	^	^	^
高院	以上	12	37.50	10	31.25	14	43.75	13	40.63
^	以下	20	62.50	22	68.75	18	56.25	19	59.37

便民措施这一一级指标总分值为10分，一级指标项下包含3个二级指标和2个三级指标，这一一级指标是全国高院的主要失分指标，4项指标的高院得分平均分均低于指标分值中值，同时全国50%以上的高院未达到指标平均分，失分情况较为严重，应是高院下一步庭审公开工作改进和提升的一个重要方面。

（三）中级人民法院得分情况及分析

1. 部分表现较好中院的得分

表 4-13　　　　　中级人民法院得分情况

排名	法院	直播情况（70分）	平台建设（10分）	制度建设（10分）	便民措施（10分）	总分（100）
1	广州中院	60.67	10.00	10.00	8.00	88.67
2	徐州中院	59.33	10.00	8.00	10.00	87.33
3	驻马店中院	61.00	7.00	10.00	8.33	86.33

续表

排名	法院	直播情况（70分）	平台建设（10分）	制度建设（10分）	便民措施（10分）	总分（100）
4	台州中院	59.17	10.00	10.00	6.33	85.50
5	昆明中院	60.83	8.00	9.00	7.33	85.16
6	吉林中院	61.00	10.00	7.00	6.67	84.67
7	乐山中院	59.00	10.00	6.00	7.33	82.33
8	楚雄中院	58.83	10.00	6.00	7.00	81.83
9	长治中院	60.33	10.00	3.00	8.00	81.33
10	淮南中院	60.67	8.00	5.00	7.33	81.00
11	太原中院	62.00	8.00	7.00	3.33	80.34
12	张掖中院	63.00	10.00	5.00	1.67	79.67
13	长春中院	55.67	10.00	8.00	5.00	78.67
14	郑州中院	55.34	8.00	8.00	7.00	78.34
15	玉林中院	57.00	10.00	6.00	5.00	78.00
16	白城中院	54.17	10.00	7.00	6.67	77.84
17	武汉中院	52.17	10.00	8.00	7.00	77.17
18	西宁中院	61.33	8.00	4.00	3.33	76.66
19	成都中院	50.50	8.00	8.00	10.00	76.50
20	杭州中院	51.33	10.00	8.00	7.00	76.33
21	南京中院	49.09	10.00	10.00	7.00	76.09
22	南宁中院	55.83	10.00	8.00	1.67	75.50
23	南昌中院	50.17	10.00	6.00	9.00	75.17
24	天水中院	57.17	10.00	5.00	3.00	75.17
25	汕头中院	53.50	10.00	6.00	5.33	74.84
26	绍兴中院	52.33	10.00	8.00	4.33	74.66
27	宁德中院	54.33	8.00	6.00	5.33	73.67
28	连云港中院	49.67	10.00	7.00	6.67	73.34
29	桂林中院	50.16	10.00	6.00	6.33	72.49
30	上海第三中院	51.50	8.00	6.00	6.67	72.17
31	海东中院	58.00	10.00	3.00	1.00	72.00

续表

排名	法院	直播情况（70分）	平台建设（10分）	制度建设（10分）	便民措施（10分）	总分（100）
32	兰州中院	57.83	8.00	3.00	2.67	71.50
33	攀枝花中院	48.17	10.00	8.00	5.00	71.17
34	蚌埠中院	52.67	8.00	5.00	5.33	71.00
35	龙岩中院	52.83	8.00	8.00	1.67	70.50
36	天津第一中院	46.83	10.00	5.00	8.33	70.17
37	玉溪中院	47.33	10.00	9.00	3.00	69.33
38	吴忠中院	51.83	10.00	6.00	1.00	68.83
39	海北中院	53.50	10.00	2.00	2.67	68.17
40	许昌中院	47.66	10.00	9.00	1.00	67.66
41	吕梁中院	50.99	6.00	7.00	3.33	67.33
42	鸡西中院	49.33	6.00	8.00	3.33	66.66
43	上海海事法院	42.84	10.00	5.00	8.33	66.17
44	福州中院	43.00	10.00	6.00	6.50	65.50
45	哈尔滨中院	50.42	6.00	8.00	1.00	65.42
46	郴州中院	45.50	8.00	7.00	2.67	63.17
47	上海第一中院	40.83	10.00	7.00	5.33	63.16
48	天津第二中院	41.00	10.00	5.00	6.67	62.67
49	重庆第一中院	46.50	10.00	3.00	3.00	62.50
50	中卫中院	48.16	10.00	3.00	1.00	62.16
51	九江中院	39.83	10.00	7.00	5.00	61.83
52	西安中院	39.83	10.00	7.00	5.00	61.83
53	大庆中院	44.50	6.00	9.00	1.67	61.17
54	邵阳中院	42.17	8.00	10.00	1.00	61.17
55	天津海事法院	44.00	10.00	6.00	1.00	61.00
56	渭南中院	45.00	8.00	5.00	3.00	61.00
57	兴安盟中院	44.50	8.00	3.00	5.00	60.50

2. 中院得失分原因

(1) 直播情况

全国中院直播情况这一一级指标的得失分情况及原因分析如下：首先，"诉讼参与人画面展示情况""案件总数""画面质量""播出音效""出席情况""证人、被害人及需要保护的出庭人员保护与个人信息保护"6项指标中院平均分数低于全国法院平均分；其次，"基本案情""审判组织成员""院长办案直播情况""案件总数""直播比例"5项中50%以上的法院未达到平均值；最后，"案号""画面质量""直播庭审秩序""直播庭审礼仪"和"证人、被害人及需要保护的出庭人员保护与个人信息保护"5项指标超过70%以上的法院达到了平均值以上，得分情况相对较好。

(2) 平台建设

表4-14　　　　　　中院平台建设情况　　　　　单位：家、%

法院层级	与平均值比较	平台建设（10分）						
		直播网站			主管领导与主管部门		运维人员、部门及网络安全维护	
		板块建设		接入及直播情况					
中院	以上	64	66.67	90	93.75	77	80.21	81	84.38
	以下	32	33.33	6	6.25	19	19.79	15	15.62

全国中院平台建设得失分这一一级指标的得失分及原因分析如下：4项指标中院得分平均值均超过指

标分数中值，且每一项分数法院得分在中院平均值以上的法院数整体达到了中院总数的 60% 以上，特别是"接入及直播情况"，有 93.75% 的法院得分在中院平均分之上，在三层级法院中占比最高。

（3）制度建设

表 4-15　　　　　　　　中院制度建设情况　　　　　　单位：家、%

法院层级	与平均值比较	制度建设（10 分）							
		庭审直播相关制度规范							
		直播质量规范		案件选取规范		不公开审批规范		礼仪秩序规范	
中院	以上	43	44.00	72	75.00	77	80.20	52	54.17
	以下	53	56.00	24	25.00	19	19.80	44	45.83
法院层级	与平均值比较	证人作证规范		质量考核规范		紧急预案规范		视频删除规范	
中院	以上	46	47.92	61	63.54	50	52.08	29	30.21
	以下	50	52.08	35	36.46	46	47.92	67	69.79

全国中院制度建设这一一级指标的得失分情况及原因分析如下：得分情况较好的指标为"案件选取规范""不公开审批规范"以及"质量考核规范"3 项；得分情况相对较好的指标为"礼仪秩序规范"和"紧急预案规范"，50% 以上的中院这 2 项指标得分高于中院平均得分；失分较为严重的 3 项指标为"直播质量规范""证人作证规范"以及"视频删除规范"，半数以上的中院此项指标均未得分，特别是"视频删除规

范",中院平均分以及得分在平均分之上的法院占比均为三层级法院最低,应引起关注并尽快出台相关规章制度。

(4) 便民措施

表4-16　　　　　中院便民措施情况　　　　　单位:家、%

法院层级	与平均值比较	庭审直播公告				新闻宣传		邀请人大代表、专家学者等旁听	
		公告内容		公告准确性					
中院	以上	44	45.83	39	40.63	41	42.71	36	37.50
	以下	52	54.17	57	59.37	55	57.29	60	62.50

全国中院便民措施这一一级指标的得失分情况及原因分析如下:4项指标的中院得分平均分均低于指标分值中值,同时全国50%以上的中院未达到指标平均分,失分情况较为严重。

(四) 基层人民法院得分情况及分析

1. 部分表现较好基层法院的得分

表4-17　　　　　基层人民法院得分情况

排名	法院	直播情况(70)	平台建设(10)	制度建设(10)	便民措施(10)	总分(100)
1	武汉市江汉区法院	60.75	10.00	10.00	6.33	87.08
2	泰州市海陵区法院	62.50	10.00	10.00	4.00	86.50

续表

排名	法院	直播情况（70）	平台建设（10）	制度建设（10）	便民措施（10）	总分（100）
3	南宁市江南区法院	60.50	10.00	6.00	8.33	84.83
4	福建将乐法院	59.33	7.00	9.00	9.00	84.33
5	合肥市蜀山区法院	56.50	8.00	10.00	8.33	82.83
6	广东阳西法院	59.83	10.00	4.00	9.00	82.83
7	台州市椒江区法院	58.00	10.00	10.00	4.67	82.67
8	淮南市潘集区法院	61.83	8.00	4.00	8.33	82.17
9	贵州织金法院	58.66	10.00	8.00	5.00	81.66
10	湖南安吉法院	58.33	10.00	7.00	6.17	81.50
11	西宁市城东区法院	61.84	8.00	9.00	2.67	81.50
12	四川邛崃法院	58.17	8.00	7.00	8.33	81.50
13	淮安市淮安区法院	61.33	10.00	9.00	1.00	81.33
14	长治市沁源区法院	59.33	8.00	5.00	8.33	80.67
15	云南安宁法院	60.00	8.00	5.00	6.67	79.67
16	河南温县法院	59.50	8.00	8.00	4.00	79.50
17	甘肃庆城法院	62.67	8.00	6.00	2.67	79.33
18	江苏昆山法院	56.00	10.00	8.00	5.00	79.00
19	西宁市城中区法院	64.00	8.00	6.00	1.00	79.00
20	吉林延吉法院	53.33	10.00	9.00	6.00	78.33
21	福建晋江法院	54.17	8.00	7.00	9.00	78.17
22	吉林东丰法院	57.00	10.00	8.00	3.00	78.00
23	汕头市龙湖区法院	59.67	8.00	5.00	5.33	78.00
24	成都高开法院	53.33	8.00	8.00	8.33	77.67
25	云南盈江法院	57.17	8.00	6.00	6.33	77.50
26	重庆大渡口法院	56.17	8.00	7.00	4.67	75.83
27	驻马店西平县法院	56.00	8.00	10.00	1.67	75.67
28	江西彭泽法院	53.33	8.00	10.00	4.33	75.67

续表

排名	法院	直播情况（70）	平台建设（10）	制度建设（10）	便民措施（10）	总分（100）
29	山西寿阳法院	53.00	8.00	7.00	6.33	74.33
30	郑州市金水法院	47.83	10.00	10.00	6.00	73.83
31	广西融安法院	55.07	8.00	9.00	1.00	73.07
32	泉州市泉港区法院	52.00	8.00	8.00	5.00	73.00
33	吉林镇赉法院	53.00	10.00	9.00	1.00	73.00
34	甘肃庄浪法院	54.00	10.00	6.00	2.67	72.67
35	青海乌兰法院	58.00	8.00	4.00	2.67	72.67
36	浙江义乌法院	45.50	10.00	9.00	6.67	71.17
37	四川万源法院	49.17	8.00	9.00	5.00	71.17
38	天津滨海新区法院	46.00	10.00	8.00	5.00	69.00
39	张掖市甘州区法院	52.00	8.00	6.00	2.67	68.67
40	南宁市青秀区法院	45.08	10.00	9.00	4.33	68.42
41	湖南衡东法院	45.08	10.00	8.00	3.33	66.42
42	宜春市袁州区法院	45.33	8.00	6.00	6.00	65.33
43	鸡西市鸡冠区法院	50.17	6.00	8.00	1.00	65.17
44	合肥市瑶海区法院	43.17	8.00	9.00	5.00	65.17
45	陕西吴起法院	48.50	8.00	7.00	1.00	64.50
46	哈尔滨市南岗区法院	46.50	6.00	9.00	2.67	64.17
47	拉萨市城关区法院	46.50	8.00	8.00	1.00	63.50
48	牡丹江市爱民区法院	48.00	6.00	8.00	1.00	63.00
49	铜仁松桃苗族自治县法院	39.50	10.00	8.00	5.00	62.50
50	银川市兴庆区法院	41.50	10.00	8.00	2.67	62.17
51	重庆市开州区法院	41.17	8.00	6.00	6.67	61.83
52	临沂市兰山区法院	39.50	8.00	10.00	3.00	60.50

续表

排名	法院	直播情况（70）	平台建设（10）	制度建设（10）	便民措施（10）	总分（100）
53	上海市虹口区法院	40.17	10.00	6.00	4.33	60.50
54	天津市河西区法院	42.33	10.00	5.00	2.67	60.00

2. 基层法院得失分原因

（1）直播情况

全国基层法院直播情况这一一级指标得失分情况及原因分析如下："基本案情""直播比例""员额法官人均直播案件数""画面质量""证人、被害人及需要保护的出庭人员保护与个人信息保护"5项指标为主要失分指标，基层院的平均分低于全国平均分；同时，"基本案情""院长办案直播情况""案件总数""直播比例""员额法官人均直播案件数"5项指标超过50%的法院未达到及格分数；得分情况较好的指标为"案号""案件类型比例""画面质量""直播完整程度""直播庭审秩序""直播庭审礼仪""出席情况""证人、被害人及需要保护的出庭人员保护与个人信息保护"这8项指标，70%以上的基层院达到平均分以上。值得指出的是，在中级法院中名列前茅的驻马店市中院下辖的西平县人民法院，也在基层法院中得分排名在第27名；这也从一个侧面说明，驻马店市法院系统整体上是比较重视庭审公开的。

（2）平台建设

表4-18　　　　　　　基层法院平台建设情况　　　　　单位：家、%

法院层级	与平均值比较	平台建设（10分）							
^	^	直播网站				主管领导与主管部门		运维人员、部门及网络安全维护	
^	^	板块建设		接入及直播情况		^	^	^	^
基层法院	以上	42	43.75	83	86.46	78	81.25	81	84.38
^	以下	54	56.25	13	13.54	18	18.75	15	15.62

全国基层法院在平台建设这一一级指标项下的主要失分指标为"板块建设"一项，基层法院的平均得分仅为0.87分，不仅低于该指标分数中值，同时也低于全国平均分，且超过50%的基层院得分在平均值之下。

（3）制度建设

表4-19　　　　　　　基层法院制度建设情况　　　　　单位：家、%

法院层级	与平均值比较	制度建设（10分）							
^	^	庭审直播相关制度规范							
^	^	直播质量规范		案件选取规范		不公开审批规范		礼仪秩序规范	
基层法院	以上	47	48.96	78	81.25	80	83.33	55	57.29
^	以下	49	51.04	18	18.75	16	16.67	41	42.71
法院层级	与平均值比较	证人作证规范		质量考核规范		紧急预案规范		视频删除规范	
基层法院	以上	56	58.33	68	70.83	54	56.25	34	35.42
^	以下	40	41.67	28	29.17	42	43.75	62	64.58

全国基层法院制度建设这一一级指标的得失分情况及原因分析如下：得分情况较好的指标为"案件选取规范""不公开审批规范"以及"质量考核规范"3项；得分情况相对较好的指标为"礼仪秩序规范""证人作证规范"以及"紧急预案规范"3项，50%以上的中院这两项指标得分高于中院平均得分；失分较为严重的两项指标为"直播质量规范"以及"视频删除规范"，半数以上的中院此两项指标均未得分。由于本次评估制度规范方面评估方案及打分机制设定的因素，基层院此项指标的整体得分情况要好于高院和中院得分情况，但仍需要对失分情况较为严重的指标足够重视并尽快完善相应制度规范。

（4）便民措施

表4-20　　　　　　　基层法院便民措施情况　　　　　　单位：家、%

法院层级	与平均值比较	便民措施（10分）						
^	^	庭审直播公告		新闻宣传		邀请人大代表、专家学者等旁听	
^	^	公告内容	公告准确性					
基层法院	以上	44	45.83	43	44.79	35	36.46	33	34.38
^	以下	52	54.17	53	55.21	61	63.54	63	65.62

便民措施这一一级指标项下4项指标的基层院得分平均分均低于指标分值中值，同时全国50%以上的

基层院未达到指标平均分，失分情况较为严重，特别是"新闻宣传"和"邀请人大代表、专家学者等旁听"2项指标得分不仅低于全国平均分，同时也低于全国高院及中院此项指标平均分，有较大的改进和完善空间。

第五章 人民法院庭审公开的成就、问题及改进建议

一 中国庭审公开工作取得的成就

(一) 庭审直播工作走向常态化

庭审公开是继审判流程公开、裁判文书公开、执行信息公开之后，人民法院司法公开工作的重要举措，中国庭审公开网是最高人民法院建设的全国统一的第四大司法公开平台，是人民法院增强司法透明、主动接受监督的重要途径，对于提升审判质效、促进司法公正具有重要意义。庭审直播是"互联网+"时代阳光司法理念指导下改革的重要举措，体现了审判公开的与时俱进。它打破了公众对司法的神秘感，减少了公众对于庭审活动的无端猜测，切实提升了司法公信力，同时也对法官的职业素养提出了更高的要求。

自庭审直播工作开展以来，全国各级人民法院按

照最高人民法院的统一部署，积极对接中国庭审公开网，稳妥增加庭审直播数量，努力扩大庭审公开工作影响，多措并举，扎实推进，庭审公开工作取得巨大进展。2017年全年全国各级法院共直播庭审405142场，其中，10月、11月、12月3个月全国庭审公开直播网共直播庭审223843场，达到了2017年全年庭审直播案件总数的1/2以上。截至2018年6月30日，中国庭审公开网累计庭审直播案件达100万件，观看量超过70亿次；而到7月27日，这个数据已达1220580件，浏览量超过8297728518次，不到1个月时间，新增庭审直播案件超过22万件。可见，各级法院直播的案件数呈现出稳步上升的趋势，庭审直播工作进入常态化的有序发展阶段。

（二）全国统一庭审公开平台运行基本有序

自1998年7月11日最高人民法院和中央电视台合作，首次电视现场直播一起著作权侵权案开始，人民法院坚持与时俱进的理念，不断探索庭审公开新途径与新工具。短短20年，在司法公开方面，我们已经实现了从必须到现场参加庭审的现场正义，到报纸杂志或广播报道的转述正义，电视直播与网络直播的可视正义，以及利用新媒体进行庭审直播的即视正义的历史性跨越。

庭审网络直播打开了司法公开的一扇大门，电视和网络庭审直播初步实现了可视正义，相较于电视直播时间空间场域的诸多限制，网络直播更加灵活便利。因此，自2013年以来，能够实现更便捷转发和共享、方便手机随时随地观看和回顾的"即视正义"——庭审微博直播迅速发展。早期的微博直播主要是图文直播，如2013年济南中院微博图文直播审理"薄熙来案"，在社会上就引起了广泛的轰动。近两年，随着司法云服务技术的研发和推广，庭审微博视频直播也在全国推广开来，逐步成为庭审公开最有效、最便利的方式。除了庭审微博图文、视频直播外，各级法院还积极建设和完善本院庭审直播的自建平台。平台多样是司法公开和庭审直播工作全面铺开的表现，但在某种意义上也造成了"乱花渐欲迷人眼"的局面。

2013年12月11日，"中国法院庭审直播网"正式开通，公众即使足不出户也可以线上"旁听"庭审、感受正义的"即视性"成为现实。2015年2月27日，中国法院手机电视APP正式开通上线，4个月后用户就超过50万人。2016年7月1日，最高人民法院决定本院所有公开审理的案件原则上一律在中国法院庭审直播网、最高人民法院官方微博、新浪网法院频道三个平台同步进行网络视频直播。同年7月6日，中国法院庭审公开网项目签约活动在京举行。最高人民法院所有公开开庭的庭审案件原则上均通过互联网直播，对全国法院将起到引领和示范作用。全国法院大量案件上线直播所形成的庭审数据库，也将成为法官办案的参谋和助手，成为研究中国审判制度的第一手资料，成为法治中国建设的宝贵资源。

经课题组调研发现，经过多次改版调试，中国庭审公开网目前的功能有了较大程度的提升和完善，功能栏一项目前包含庭审直播、庭审预告、庭审回顾、重大案件、热点排行、法院导航和数据公开等多项功能，平台运行稳定。直播网首页实时更新"今日累计直播"案件数、"最高人民法院累计直播"案件数、"全国累计直播"案件数以及"全国各网站累计访问"次数，同时，首页采用颜色分区的方式，直观展现各省（自治区、直辖市）的接入情况以及累计直播的庭审案件数量。

中国庭审公开网作为司法公开第四平台，旨在通过庭审视频直播推进作为法院政务公开一个方面的庭审公开，公开、透明应该是中国庭审公开网的根本属性和使命所在。从当前来看，中国庭审公开网自身在开放性及功能性上仍有一定的提升空间，比如，数据公开一栏无法按日期检索特定时段的相关数据，热点排行栏目每个类型案件项下只能列出 6 个案件，重大案件栏没有分类功能导致使用不便，搜索板块功能过于简陋,庭审预告栏中的庭审公告时间不够精确,四大司法公开平台之间缺乏有机链接,等等。未来,希望中国庭审公开网能够进一步优化功能,能够按照指定时间,来检索和统计任一法院庭审公开视频数据。

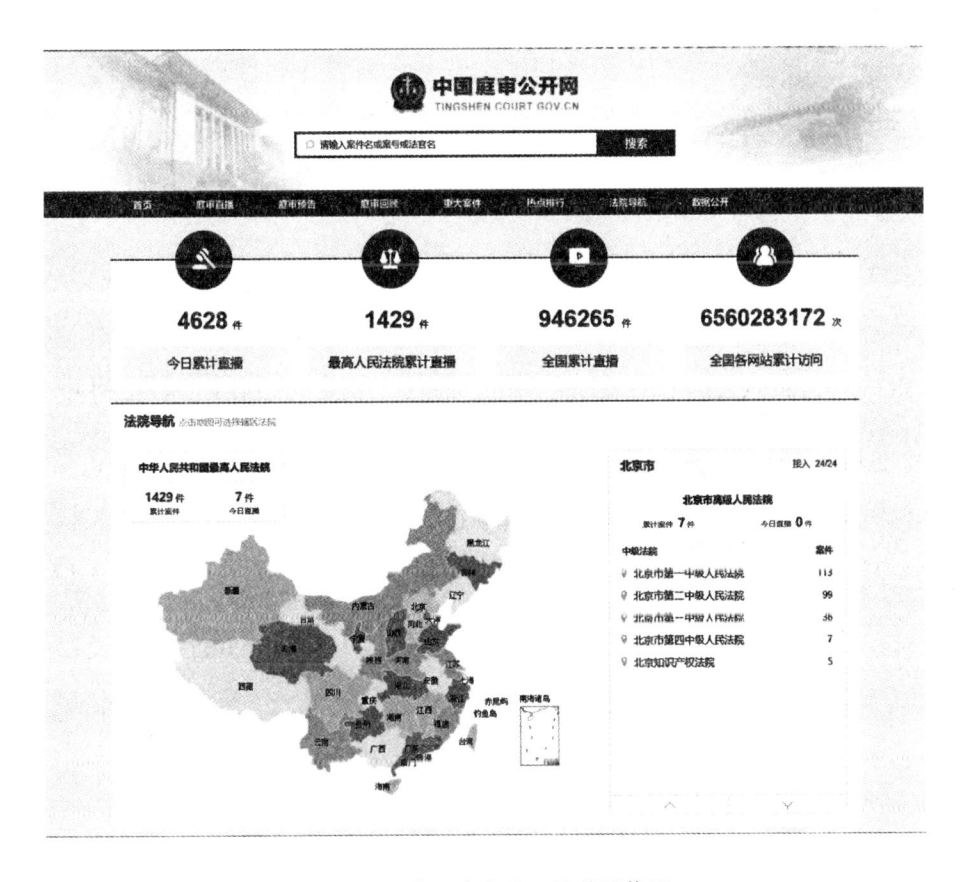

图 5-1　中国庭审公开网首页截图

虽然目前中国庭审公开网在案件检索和资源整合方面仍存在一定的不足和改进空间,不过作为我国推进庭审直播公开工作着力打造的统一化平台,中国庭审公开网在之后的庭审直播及司法公开工作中,在整合司法资源、节约人力资本投入等方面，必然会发挥更大的作用并带来更加令人期待的前景。

(三) 庭审公开制度匮乏问题有所改进

庭审公开作为一项新事物，需要权威、统一且完善的制度来予以规范和指引。但制度供给需要与国家庭审公开的实践状况共生共长，具有普遍指引性的法律和司法解释都需要实践依据和总结，同时需要经过实践检验并不断完善改进。庭审公开实践的推进，以及在实践中所取得的长足进步，既促进了当前各级各地法院因地制宜地出台本院制度，也有助于国家将来出台全国统一性的法律或者最高法院司法文件。目前最高人民法院制定的关于司法公开的文件主要有人民法院相关改革纲要中关于司法公开的规定，以及《最高人民法院关于司法公开的六项规定》《最高人民法院关于庭审活动录音录像的若干规定》等（具体见表5-1），这些文件对法院庭审公开工作的制度建设和规范管理作出了提纲挈领的规定。

表5-1　　　　　　　庭审公开部分司法文件

序号	法规名称	文号
1	《最高人民法院关于加快建设智慧法院的意见》	法发〔2017〕12号

续表

序号	法规名称	文号
2	《最高人民法院关于人民法院庭审录音录像的若干规定》	法释〔2017〕5号
3	《最高人民法院关于全面深化人民法院改革的意见》	法发〔2015〕3号
4	《中华人民共和国人民法院法庭规则》	法释〔2016〕7号
5	《最高人民法院关于全面推进人民法院诉讼服务中心建设的指导意见》	法发〔2014〕23号
6	《最高人民法院关于进一步加强新形势下人民法庭工作的若干意见》	法发〔2014〕21号
7	《关于深入整治"六难三案"问题加强司法为民公正司法的通知》	法〔2014〕140号
8	《关于推进司法公开三大平台建设的若干意见》	法发〔2013〕13号
9	《最高人民法院关于加强和规范人大代表、政协委员旁听案件审判工作的若干意见》	法〔2011〕311号
10	《关于人民法院加强法律实施工作的意见》	法发〔2011〕11号
11	《最高人民法院关于确定司法公开示范法院的决定》	法〔2010〕383号
12	《司法公开示范法院标准》	法〔2010〕383号
13	《最高人民法院印发〈关于司法公开的六项规定〉和〈关于人民法院接受新闻媒体舆论监督的若干规定〉的通知》	法发〔2009〕58号
14	《最高人民法院关于司法公开的六项规定》	法发〔2009〕58号
15	《最高人民法院印发〈关于进一步加强民意沟通工作的意见〉的通知》	法发〔2009〕20号

与此同时，各级法院也积极响应最高人民法院的要求，结合本地区实际情况，细化庭审直播方案落实，完善庭审公开程序和考核标准，庭审公开制度匮乏的情况得到了有效改善，实质上促进了庭审公开的落实。在课题组抽查的全国31个省（自治区、直辖市，含最高人

民法院和兵团法院）的 225 家法院中，有 12 家法院在该项获得满分，这 12 家法院分别是福建省三明市将乐县法院、河南省高院、河南省郑州市中院、河南省许昌市中院、河南省驻马店市中院、河南省郑州市金水区法院、河南省驻马店市西平县法院、河南省焦作市温县法院、湖南省邵阳市中院、广西壮族自治区南宁市江南区法院、毕节市织金县法院、新疆生产建设兵团第十二师中院。其中尤其值得注意的是河南地区的法院，在法院制度建设一项，河南省 7 家受评法院全部获得满分。

经课题组调研发现，2010 年，河南省高级人民法院就将实行庭审网络视频直播列入 2010 年办理的十件实事之一，制定出台了《全省法院庭审网络视频直播办法》，对全省法院庭审网络视频直播任务进行了细化分解。2010 年 9 月 10 日，河南省高级人民法院召开全省法院庭审网络视频直播工作会议，会议要求各级法院领导一定要把此项工作列入党组的议事日程，做到"院长亲自抓，常务副院长具体抓。"及至 2014 年 8 月，河南省高级人民法院印发《全省法院庭审网络视频直播实施细则》，对河南省法院庭审网络视频直播的范围、审批程序、直播流程、评论回复以及定期报告制度等都作出了详细规定。此外，河南省高级人民法院定期通报全省法院庭审视频直播工作情况，指导和督促全省法院进一步加强司法公开工作。除严格落实上级法院关于庭审直播有关司法公开的制度外，结合工作实际，河南省高级人民法院先后制定了《关于进一步加强审判公开的意见》《关于公民旁听公开审判案件的规定》《庭审网络视频直播规则》《庭审直播考核办法》，不断健全完善庭审直播工作机制。但是，由于河南高院系统在接入中国庭审公开网并进行庭审直播方面存在问题，使得其在本次评估中表现并不理想。

（四）庭审审判质效和人民群众司法获得感显著提升

庭审质效的提升和庭审效果的有效发挥有赖于案件审判法官整体办案水平的提升，庭审直播作为司法机关的创新实践同样对于促进法官素质提高、提升庭审效果具有重要作用。庭审直播倒逼法官素质的提高，例如在本次评估工作中，课题组在案件直播审理质量抽查中，发现上海第三中院审理的生产销售假药罪[（2017）沪03刑初93号]一案，开庭时间长达5.5个小时。在整个庭审过程中，全部审判人员无一人离开审判席位。由始至终，兢兢业业，做好本职工作，高质量地完成了整个庭审工作。

传统形式的司法公开，由于某些司法机关重视不够，导致司法公开往往流于形式，没有真正起到让公众知情并监督的作用。特别是，由于受到主客观条件的限制（如法庭数量和法庭大小等），不可能所有想参加旁听的公众都能够到庭旁听，因此在某种程度上会使得司法公开的实质效果打了折扣。在缺乏社会监督的情况下，法官不仅缺乏提高自身素质的动力，还容易被社会不良风气影响，进而导致司法不公和司法腐败。庭审视频互联网直播的出现，使得整个司法过程都处在社会公众的视线范围内，从而就倒逼着法官不断提高其素质。课题组实地调研发现，法官们对于将要庭审直播的案件往往比一般案件更加重视，即使案件多压力大，他们也会抽出时间花费精力提前做好功课，将案件研究透彻，并对庭审中可能发生的情况做好预判。这说明，庭审直播的确能够迫使法官主动提高业务素质，更加坚定司法为民理念和坚守职业道德底线，更充分地做好庭审准备，更投入地审理案件，从而实现公正廉洁司法。

与此同时，庭审直播作为构建阳光司法的重要载体，以其所发挥的司法公开、司法参与和社会监督的功能，对于树立司法权威、构建和强化司法公信力以及提升人民群众的司法获得感同样具有重要意义。庭审直播的司法公开是面向全社会的公开，这种看得见、摸得着的形式，很容易满足公众参与司法和监督司法的诉求。庭审直播克服了旁听席位有限的缺陷，使得整个社会都可以参与旁听，不仅保障了公众的参与权，也使得公众能够亲身感受司法的严肃性和公正性。2016年1月7日至8日，北京市海淀区人民法院审理深圳市快播科技有限公司及其4位高管涉嫌传播淫秽物品牟利罪一案，并进行了网络庭审直播。据有关媒体报道，庭审直播期间累计有100余万人观看视频，最高时有4万人同时在线。据中青舆情监测室统计，快播案庭审直播相关舆情信息达到563万条，其中，中文新闻报道3720篇，论坛58997篇，博客9440篇，微信39053篇，微博100.43万条，境外部分媒体也进行了相关报道。但在如此密集的新闻报道和如此高的聚焦度下，几乎没有人质疑法院审理的不公，没有人认为案件审理中存在司法腐败，舆论整体上对此次庭审公开给予了高度评价。由此可见，伴随着庭审直播的深入发展和全面推进，社会公众参与庭审直播观看和案件讨论的积极性也在不断提升，起到了良好的法治宣传效果，庭审公开成为最鲜活的法治公开课。

（五）庭审直播与科技法庭建设相得益彰

庭审直播作为一种依托于互联网技术的现代司法公开形式，需要一定的设备、技术作为支撑。近年来，全国各级法院持续加大对司法公开的资金投入力度，不断完善硬件建设和技术条件，为司法公开提供了强有力的物质保障。课题组在调研过程中发现，在庭审直播工作开始之初，有的法院，特别是经济欠发达地区的基层法院仅配备有1台像素较低的标清摄像设备，而由于网络基础设施跟不上，网络带宽也不够用。因为设备配置不足造成资源使用和资源分配的紧张，使得很多基层法院的案件主审法官在进行庭审直播时，需要提前向院机关预约场地，严重制约了法官进行庭审直播的积极性，限制了法官庭审开展直播的数量和质量，直播效果也不尽如人意。同时各法院由于缺乏相关的技术人员和管理部门，严重阻碍了庭审直播工作的开展。

在庭审公开理念不断深入和庭审直播工作的持续推进下，各级法院积极筹措资金，部署高清庭审直播设备。高清直播系统的广泛运用，为庭审视频直播工作的顺利开展奠定了重要的物质条件基础。在专业技术人员配备方面，最初不少基层法院通过聘请技术人员进行兼职负责庭审直播工作，兼职人员只在直播系统出现故障时进行修理，并不负责直播系统的日常维护更新，除此之外法院内部没有专门的技术人员进行维护和设备更新。但本次评估过程中，课题组发现这一情况已经有了很大程度的好转，不少法院设置了专门的技术部门或网络保障部门，并配备多名专职专业人员负责，确保庭审直播更加便利、快捷，信息安全得到了更好保障。在庭审直播工作推进过程中，多家法院已经实现了由专人负责庭审直播技术支持，定期对直播录像设施开展检查、调试、维护等工作，保证庭审直播画面流畅、声音清晰，达到了很好的直播视听效果；还有一些法院采用社会购买形式，将庭审直播技术保障服务外包给技术公司，负责直播前的系统调试、直播公告的发布、直播期间的设备操作、直播时的视频上传、直播系统设备故障的及时排除等工作，确保每个直播案件视频流畅清晰、语音清楚洪亮、画面美观同步。借助于种种社会力量，庭审视频直播的技术服务逐渐得到了保障。

调研评估过程中课题组发现各级各地法院的庭审直播技术不断改进，如海南高院部分法庭庭审过程实现了语音激励，即画面镜头会根据法庭发言人的变化自行切换；安徽合肥市蜀山区法院在庭审音效音质效果提升上的方式创新也同样值得推广和借鉴。蜀山区法院在庭审直播中率先运用语音识别技术，在庭审过程中将法官及诉讼参与人的发言自动生成庭审笔录，展示于庭审公开网直播画面当中。这一技术的运用极大地提升了庭审直播的观看效果，同时也是建设智慧法庭、科技法庭的有益尝试。

（六）各级各地法院形成以审判管理部门为基础的指导和监督体系

庭审公开工作考验相关审判人员的职业素养、庭审驾驭能力，考验当事人的守法精神与个人修养，考验人民法院信息化，尤其是科技法庭建设水平，作为一项新生事物，尤其考验最高人民法院的统筹协调推动能力，以及各级人民法院的审判管理能力。事实上，也正是由于庭审公开对法院各方面要求比较高，在国外一直推进困难，障碍重重。然而，正是在有中国特色的政法体制和人民法院管理体制下，最高人民法院通过审判管理部门具体负责推行庭审公开工作，从而克服了形形色色的困难，取得了重大成就。

根据最高人民法院机构职能设置，审判管理部门主要负责最高人民法院受理案件的流程管理、质量评查，监督检查法定审限执行情况，督办重要案件，承担审判委员会事务管理、司法公开、审判经验总结等工作。审判管理系"人民法院在审判案件的整个诉讼活动过程中，为了使审判工作合法、有序、高效地开展，由法院内部有关部门和人员通过一定的制度、手段对审判工作进行科学、合理的分工、协调、规范、监督和指导，从而保证案件审理的各个环节、各个方面能够顺畅运转，以实现公正和效率的整个过程"。2010年11月，最高人民法院成立审判管理办公室，统筹兼顾审判管理、司法人事管理、司法政务管理，地方各级人民法院纷纷紧随其后进行了机构设置改革。自此，审判管理办公室作为法院内部从事审判管理的专门机构,在全国法院中有了较大程度的发展,审判管理办公室的设置是全国各级人民法院通过数十年司法改革进行甄选、比较、权衡确立的一种管理机构。

根据最高人民法院的安排,人民法院审判管理部门负责包括庭审公开工作在内的司法公开工作。近年来,特别是党的十八大以来,审管部门与信息中心、技术部门、研究室及其他部门相互配合,按照最高人民法院的安排,参与和推动了包括中国庭审公开网在内的司法公开平台建设、庭审公开工作巡查通报、督促各级各地法院贯彻落实最高人民法院庭审公开相关要求、司法公开相关司法文件出台等各项工作,是我国庭审公开工作取得重大成就的一个重要推动因素,也体现了有中国特色社会主义司法制度的独特优势。

当前,在全国法院中,虽然仍然存在个别由办公室、研究室或技术处等负责庭审公开的情况,但整体而言,已经形成了自上而下、贯穿全国的以审判管理部门为基础的庭审公开工作指导和监督体系,这一庭审公开工作"一盘棋"格局的形成为庭审公开工作取得更大进步准备了更好的组织条件。

二 中国庭审公开工作存在的问题

(一)庭审公开相关制度建设仍需完善

综合全国范围的发展情况看,虽然庭审公开制度建设情况有所改善，为当前的庭审直播工作提供了宏观层面的制度支撑和微观层面的工作指南，然而，本次庭审公开评估工作仍暴露出一些问题，特别是庭审公开制度匮乏问题仍未得到根本解决。

本次评估特别设置了"制度建设"作为一级指标，课题组依据各法院提交的文件材料进行评估计分。在各法院提交的文件中，只有极少数法院制定的庭审直播相关规范达到了评估考核的要求。绝大部分的法院制定了部分直播流程、直播案件选取、直播机构与部门等方面的规范，但是未能全面涵盖考核指标，有遗漏和不足之处。少部分法院甚至未制定相关的庭审直播规范或未提交材料。还有部分基层甚至是中级人民法院，未出台任何相关制度规范，只是简单地提交了省高院或最高院的相关文件。

就督促通报考核制度这一三级指标而言，近1/3的法院或未提交文件，或提交的文件并未体现法院进行督促通报考核工作，个别法院还存在提交文件不全和提交2016年文件的现象。基于法院自报文件可以发现，多数法院未足够重视庭审直播制度建设工作，提交的文件中只有少数涉及评估所需内容，其他多为法院内部文件和通报等，与制度建设工作无关。

另外，个别指标整体情况不乐观，说明法院总体重视不够。为全面评估法院对庭审直播工作制度建设的相关情况，课题组在制度建设这个指标下设 2 个二级指标、8 个三级指标进行评分考核。在评分过程中课题组发现，个别考核项得分情况总体偏低，如直播质量规范、礼仪秩序规范、证人作证规范、紧急预案规范、视频删除规范 5 项三级指标，在 225 家法院中，对上述指标作出制度规定的法院不足被评估法院的 1/2。这也反映出了各地法院在庭审直播工作开展中，普遍对上述指标所涉方面的重要性认识不足，有所忽视。

最后，各法院关于庭审直播的制度规范差异较大。整体来说，由于缺乏统一的标准和要求，各法院制定的制度规范侧重点不一，较为粗泛，实操性较低。而且部分法院是直接将上级法院的相关政策性文件作为本院的规范性文件下发辖区内法院，并依此开展庭审直播工作，因此庭审直播工作规范规定和落实不到位的情况普遍存在。即便出台了相关制度的法院，也多侧重于提出笼统的要求和简略的规定，导致各法院在开展庭审直播工作中各行其是，呈现出较大的差异。这个问题，可能要靠将来最高人民法院出台全国统一的庭审公开规定才能从根本上改善。

（二）庭审公开平台功能体系尚不健全

中国庭审公开网作为全国法院庭审公开的统一平台，为庭审公开工作提供了坚实的承载和保障，但是，课题组在评估中,基于自身的使用体验,发现庭审公开网的平台功能体系仍不够健全,有待进一步完善现有功能。

数据公开栏案件检索功能不够方便。课题组在通过 2018 年最新改版后的庭审公开网数据公开栏目检索查找案件时,发现筛选检索范围仅包括"全部""今日""最近 7 天""最近 30 天"(如图 5-2 所示),现有平台无法满足用户检索特定时段内的案件情况的需求。

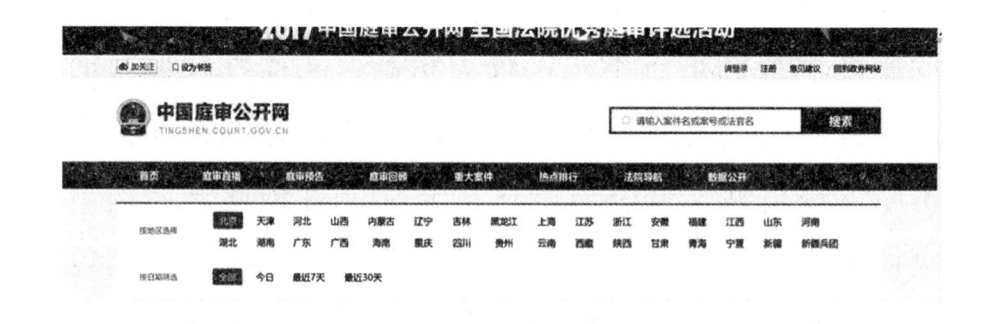

图 5-2 中国庭审公开网数据公开的检索页面

庭审回顾栏目当前没有分页功能,在需要查找稍早时候的案件时需一直滚动加载,十分耗时,而且经常加载失败,一旦刷新则又回到起始页面。如:欲查找研究 2017 年 3 月最高院的所有案件,则只能在案件回顾页无限下拉"查看更多",耗时较长且使用不便,如图 5-3 所示。

图 5-3 中国庭审公开网庭审回顾栏

显然，检索功能仍有待完善。除前文中所提及的网站自定义按日期搜索外，中国庭审公开网检索功能主要依靠案件号、法官名或案号搜索庭审直播视频，或者通过首页地图模块进入各地区进行搜索（如图 5-4 所示），但如此设置也存在一定问题。如社会公众不知道上述具体的三项搜索条件时，就只能进入法院主页面逐页查找，而进入法院页面后检索选项也只有展示类型、案件类型两个检选项。

庭审直播预告是中国庭审公开网的一项重要功能，也体现了对诉讼法关于庭审公告相关规定的落实。在改版之前，中国庭审公开网庭审预告板块有开庭的具体时间，但改版后却不再显示具体时间，只能显示某日上午或下午，反而增加了公众观看庭审直播的时间成本。

图 5-4 中国庭审公开网庭审回顾栏

图 5-5 中国庭审公开网庭审预告栏

中国庭审公开网设置热点案件栏,设计了重大案件和热点排行板块,是一个非常"暖心"的功能,有助于社会公众从中寻找最受大众关注的案件,更好发挥典型案件的宣传教育以及指导功能。其中,重大案件是指在社会上产生较大影响力的案件,热点排行内容页项下依据案件观看量和案件类型分类作了特定的类型划分。但是目前案件观看量项下只列出了排名前6位的案件，案件信息较少，排名划分也较为粗略，无法体现法院层级间的区分；而最热门案件分类项下的案件类型链接是直接跳转至庭审回顾页面，而没有依据案件观看量对类型化案件另行排名，应该进行更好的细化。

图5-6　中国庭审公开网热点排行栏

在中国庭审公开网与法院相关工作衔接问题上，中国庭审公开网上的案件信息内容也存在一些问题，如在公开网的案件直播页面中，案件信息页中的"庭审信息""案情简介"等板块内容不规范，部分案件缺乏与案件相关的必要信息，部分案件预告时间、直播视频实际播出时间与信息页显示内容不一致，部分案件信息页相关内容不符合已有规范，无法详细、真实反映直播案件的具体情况。很多法院存在案名、案由、基本案情三项都是完全同样内容的复制情况，无法体现出案件关键信息点的区分。此外，视频播放流畅度也极大地影响了公众是否通过庭审公开网观看庭审直播，快进卡顿、屏幕无法全屏观看、部分镜头无信号等都会影响庭审直播的观看效果。

虽然直播案件和信息上传是法院自身工作内容，上述问题并不一定全是中国庭审公开网的原因，但建议中国庭审公开网建立更优化的检索和纠错机制，及时发现问题并与法院进行对接，同时与法院协商建立案件视频质量和案件信息录入上传标准，以及相应的错误信息、不合格视频监测预警和删除规范。

（三）庭审公开案件结构体系不够合理优化

就中国庭审公开网向课题组所提供的统计数据看，2017年全年全国各级法院共直播庭审405142场，各级人民法院的庭审直播案件数都有了大幅的增长。然而根据课题组考察分析，虽然庭审直播案件数量可观，但就庭审直播案件量与各级法院结案量的比例来看，全国各级法院中，高院平均占比为2.42%，中院平均占比为3.46%，基层院平均占比为4.94%，三个比值都没有超过5%。当然，考虑到我国每年两千万级别的受案量，这个直播比例已经十分惊人了。但也可以看出，庭审公开案件结构体系不够优化的第一个方面是当前中国庭审公开网上的直播案件只是全国各地法院每年审理案件的冰山一角，仍有大量的具有重大社会影响以及法治宣传效果的案件没有在中国庭审公开网上进行直播，不利于发挥庭审直播案件作为民众法治宣传平台的重要作用，同时也不利于充分发挥庭审直播在提升司法公信方面的效用。

案件结构体系不够优化的第二个方面表现为庭审直播的常态化仍未完全实现，就课题组调研来看，多家法院是在最高院庭审公开评估考核的明传下发之后才上传了大量录播案件，虽然反映出了各级法院对于直播评估工作的重视，但庭审直播不能够一蹴而就，也不能时有时无，应当是一项持续发展、稳步推进的事业，应逐步实现庭审直播以公开为常态、不公开为例外的常态化。

庭审直播案件结构体系不够合理的第三个方面表现为案件类型占比不均衡，就本次评估考核的"案件类型占比"这一指标来看，依据全国法院接入中国庭审公开网民事、行政、刑事三类直播案件数量以及全国三类案件结案数量，假定该指标满分为3分，得到3分的法院只有59家，占比26%；占比最多的情况是2分，共有88家法院此项指标获得2分，占比39%；另外还有43家法院得1分，占比19%；35家法院此项指标得分为0，占比16%，参见图5-7。

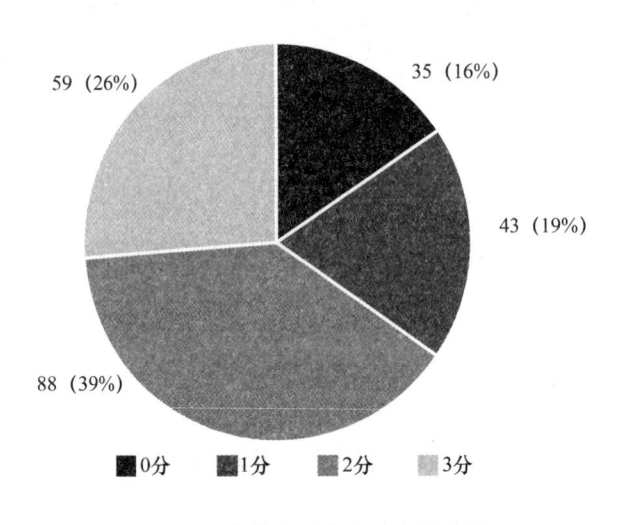

图5-7 案件类型占比法院得分情况

根据课题组调研的情况，出于对当事人信息保护和案件性质的考量，全国法院庭审直播主要以民事和行政案件为主，刑事案件直播因为涉及信息保护而且往往需要进行相应的技术处理所以直播数量较少。随着庭审直播案件数量逐年增多，需要技术处理的案件也会增多，然而技术处理一个案件花费的时间太多，法官、书记员多是"文科生"不太懂，运维的技术人员未必够用或者用着未必得心应手，导致法院在直播案件的类型选择上往往"避难从易"，造成庭审直播案件结构体系不够优化的局面。

（四）庭审公开直播视频质量仍需改善

规范的互联网庭审公开应做到以下四个方面：一是依照庭审预告的时间准时开庭；二是庭审视频直播中，视频音效上要做到无杂音、噪音，声音流畅、音量适中，每人都配备话筒且使用正常；三是视频画面方面需做到画面清晰稳定、流畅不卡顿，镜头需要随发言者的变化而切换且调整到最佳位置；四是片头不能过长，片头主要包含法庭纪律宣读，既要保证严格履行法定程序和法定要求，又不能拖沓冗长。

但课题组在评估中对案件的抽查发现，庭审直播的音视频仍有较大的提升空间。

一是视频完整性存在问题。理论上讲，大多数庭审公开，应该是一个视频对应一个完整的审理过程；如果一个案件的审理过程较长，需要几次开庭，也应该注明××案件×年×月×日第一次开庭、×年×月×日第二次开庭等，以此类推，以最大限度地方便当事人、利害关系人和社会公众观看或回看庭审实况。也就是说，每一个庭审公开的直播视频都应该完整。

为了评估方便，课题组对视频不完整进行了界定，也即一个庭审公开视频中开闭庭环节不完整，没有宣布开庭或者闭庭，以及视频时长范围超过了庭审时间，如包含了庭审准备环节或者闭庭之后没有及时关闭直播系统，将与庭审无关的情况摄录进视频中，可能导致浪费资源、信息泄露或者其他有损法庭权威的情况发生。

课题组在案件抽查中发现，部分法院的案件直播视频无法完整展现庭审的全过程，部分庭审程序如归纳案件争议焦点、指挥引导当事人举证质证、查明案件基本事实等没有在视频中展示。有些案件在直播过程中出现了视频画面非正常中止的现象；有的法院的多个庭审直播视频时长竟然只有几分钟，甚至是几十秒；还有些庭审公开视频播出画面全程黑屏；也有一些视频，内容为法院的工作说明、新闻发布会或学习纪要等与庭审工作无关的内容。

二是庭审直播的音效也存在问题。在一些案件中，或者由于硬件设施不过关，或者由于审判人员、书记员未提醒发言人正确使用话筒，导致庭审中发言者声音较小或出现声音中断的情况。有些法院，庭审过程中背景音中包含诸多杂音，甚至盖过了诉讼活动参与人的声音，此类情况在刑事案件中更为多发常见，这说明法院秩序或者审判人员庭审驾驭能力有问题。还有一些庭审视频全程无声音或全程有噪音以致庭审声音无法辨认，或者某一方当事人或双方当事人在视频中很长一段时间的发言都听不到声音等。上述情况都会对庭审直播案件质量造成不良影响，应在下一步工作中予以改进完善。

(五) 法官参与庭审公开积极性有待提升

法官只有具备了较高的素质才能担当起维护公平正义的角色，才能成为司法公信力建构中的合格司法主体。庭审直播作为司法机关的创新实践对于促进法官素质的提高具有重要作用，经过专门的法庭礼仪训练和庭审视频直播的锤炼，很多法官在个人素养上提升明显，男法官会更加"气度不凡"，女法官会更加"仪态万方"。

但课题组实地调研发现，目前我国各层级法院的法官参与庭审直播的积极性仍处于较低的状态。根据调研及对员额法官人均直播案件数这一指标的评估打分过程看，课题组发现法官进行庭审直播的积极性不高。就各层级员额法官2017年人均直播案件数来看，高院平均值为2.34件，中院平均值为4.21件，基层院平均值为7.23件。这一情况的发生是由多种因素所造成的，其根源在于庭审直播客观上对法官能力提出了更高的要求，不仅要求法官的仪容仪表、庭审秩序、庭审程序等要规范，而且对法官的业务能力及处置庭审过程当中突发状况的应急能力同样提出了更高的要求。

部分法官在开庭时不愿意进行视频直播，主要是由于对自身驾驭庭审能力不够自信，产生了畏难情绪。加之庭审直播过程中有一定的设备和操作人员，对法庭氛围产生干扰，在镜头下进行办案也对法官造成一定的心理压力。还有个别法官在庭审直播工作展开的初期对直播工作的定位不明确，存在一定程度的偏见和抗拒情绪，认为法庭是庄严的地方，庭审直播降低了法庭的严肃性，不利于司法权威和法律信仰的生成，因此对庭审直播不仅缺乏足够重视，甚至可能存在对抗心理，导致庭审直播率较低。一些年龄偏大的法官，认为自己不懂网络，对新事物感觉心里没底，存在畏难情绪，不愿进行网络直播；一些年轻的法官则担心自己庭审驾驭能力不足无法应对而不敢进行网络直播；一些法官担心直播后会产生不良的社会影响，从而不愿意直播；而另一些法官则认为自身现有的审判任务较为繁重，而庭审直播所采用的又是直播审批制度，审批流程复杂且烦琐，给法官增加了不必要的工作负担。而且，媒体本身就是把双刃剑，公民观看庭审直播，在对法官进行监督的同时，也会有质疑法官"作秀"的言论出现，更有甚者当判决不利于当事人时，部分人员会出于泄愤心理，对法官进行"攻击"。这些因素都造成法官开展庭审直播的积极性不高。

（六）庭审直播的社会效果仍有待更好发挥

课题组实地调研发现，在当前各级各地法院在最高人民法院的指导推动以及对于司法公开重要性认识不断强化的情况下，对于庭审直播工作愈加重视，但目前对于什么样的案件能够庭审直播还缺乏制度方面的明确规定。实践中，在直播案件选择上，法官倾向于选择民事及行政案件进行直播，导致刑事案件的直播数量远低于另两类案件。本次评估中，有73.78%的被评估法院在"案件类型"一项指标中未得到满分，失分原因就在于刑事案件直播较少，几类案件在直播上存在结构比例失衡；除了案件类型上表现出的倾向性之外，各级各地法院在案件选择方面还表现出倾向于选择案情相对简单、争议较小、证据较为充分、当事人和解意向明显以及审理时间较短的案件。这样的案件选择方案在庭审直播的初始阶段，直播设备和制度都还不健全的情况下不可避免会出现，但是只选择道德上和法律上不会引起社会公众关注或争议的案件无法充分发挥庭审直播的社会效果。

庭审直播的案件范围应在合法合规的前提下，由法院综合权衡、观众客观需求及社会效果三者统一的原则来确定。在庭审直播已经取得长足发展、法院在案件直播选择方面积累了一定的经验和司法数据，且有些法院基本实现庭审直播常态化的背景下，各级各地法院应当结合社会热点问题和人民群众普遍关注的案件类型有意识、有计划、有选择地推广宣传庭审直播案件。在宣传渠道上，可以考虑联动法院官方微博、微信等多渠道媒体，直播过程中也不应拘泥于视频直播的单一方式，而是可以采用图片、文字甚至语音文件等多种形式，以发挥典型案例的庭审直播作为法律宣传普及的法治公开课的重要作用。

课题组在本次庭审评估过程中还发现，被评估法院在新闻宣传及邀请人大代表、专家学者等旁听这两项指标上的得分情况也不尽如人意。在这两项指标得分的法院只占到了所有参评法院的 40.44% 和 36.89%，法院在下一步庭审直播工作推进进程中应加强宣传推广等方面的工作力度。

三 进一步推进庭审公开工作的建议

（一）切实树立"以庭审直播为原则，不直播为例外"的观念

2009 年以来，尤其是党的十八大以来，我国司法公开蹄疾步稳，成绩巨大，司法公开的内涵和范围逐步扩展，极大地提升了司法公信和司法权威。网络作为推进司法公开的重要手段和方式，对于司法公信力的构建与维护也发挥着重要作用。总体上说，当前中国的司法公开，在深度、广度以及现代化程度上，都在向国际高标准迈进，而网络或微博庭审视频直播通

过"可视正义"的路径，可能很快会实现对西方发达国家司法公开的"弯道超车"。这是由于西方国家整体上对摄像机进入法院持有比较复杂的态度，大多是限制甚至禁止；即便许可摄像头进法院，也很难容许庭审视频直播；即便部分法院或法官允许庭审视频直播，但由于其法官对独立性的坚守，也很难全国一盘棋地推行庭审视频直播。因此，我们应该以更加开放的态度、更加灵活的观念、更加坚实的步伐，充分发挥我们的体制优势，真正实现对西方法治发达国家在司法公开上的"弯道超车"。

案件采用庭审直播方式不仅收看庭审直播方便快捷，扩大了庭审公开的受众范围，确保了公众的知情权和参与权，而且庭审直播作为全新的司法公开手段，可以起到鼓励社会监督、防止司法腐败的作用。对于密切公众与司法的关系、建立良性互动和重建信任关系具有重要意义。

庭审网络或微博视频直播，不能"玻璃心"，不要怕法官"出洋相"，要通过公开来倒逼他们提升水平、更新观念，通过透明来压缩信息不对称所导致的腐败空间。因此，要完善庭审直播，就要进一步明确树立庭审案件以公开为原则、不公开为例外的理念，由现在的大多数法院实行的庭审公开审批制转变为不公开审批制，进一步规范庭审直播的内容和方式，使其能够更好发挥司法公开功能,在司法公信力的构建中发挥更大作用。

在这个问题上,江苏高院走在了全国和时代的前列。2018年3月28日,江苏省高院下发《江苏省高级人民法院关于全面开展庭审网络直播工作的通知》,要求建立"以直播为原则、不直播为例外"的常态化机制,全面推进庭审直播,实现所有案件、所有法官、所有法庭全覆盖。所有依法公开开庭的案件原则上必须直播,凡不直播的案件必须审批备案,对于公开庭审不进行网络直播的,通过办案平台履行审批程序,参照裁判文书不上网的审批机制,报院领导审批审核,并纳入审判流程管理和案件质量评查范围。全省各级法院院领导带头开展庭审网络直播。院领导主持公开开庭的庭审活动,原则上都要在中国庭审公开网、江苏法院庭审直播网进行网络直播。江苏成为我国首个全省范围内法院全部统一实现庭审直播常态化的省份,在庭审公开工作方面,大幅领先国内其他省份。

(二)进一步完善庭审公开制度规则

庭审公开体现人民司法的制度优势,庭审直播则树立了庭审公开的中国标准和中国范式。庭审公开和庭审直播当然有着现行法律的依据,但在具体实施上,仍然存在制度匮乏的问题。正是全国统一的庭审公开制度尚付阙如，客观上使得各级各地法院在思想上不统一，在观念上有分歧，在做法上不同步，各搞一套、各行其是，不仅导致重复建设和资源浪费，更是一些地方法院不愿意进行庭审公开的重要原因。

庭审直播是审判活动的全方位展示，涉及庭审活动的方方面面。但课题组在评估中发现，礼仪规范、法官及各方诉讼参与人行为规则、员额法官庭审直播考核办法等对于庭审公开至关重要的规章制度，不少法院并不健全，甚至根本未出台任何规章制度。

而在庭审公开已经全方位推行，中国庭审公开网已经建成并运行将近两年，积累了一百多万件庭审直播案件视频数据的情况下，各级各地法院应该积极总结经验、查找不足，结合本地区本法院的实际情况，完善庭审公开或庭审直播的相关规则。围绕庭审直播案件的范围、选择，直播案件审核程序及技术规范，经费投入及运维，法庭秩序与礼仪，不合格庭审视频删除或召回程序等庭审公开所涉及的所有问题，建章立制，确保庭审直播工作在公开、有度、有序的状态下进行，努力使每次庭审都成为精品庭审，充分发挥庭审在查明事实、认定证据、保护诉权、公正裁判中的决定性作用。对于庭审直播所可能涉及的舆情风险评估、评论回复以及定期报告制度等都应当详细规定，并将该项工作纳入各院年终绩效考核的范围之内，促进庭审直播更加规范化、制度化、常态化。同时不断完善并建立与制度对应的相关配套制度，为庭审直播工作的顺利推进提供良好的保障。

特别是，从推进全国庭审直播工作全面发展的角度考量，最高人民法院在条件成熟时，可以考虑适时制定出台关于庭审公开的司法解释或者规范性文件。尤其是在我国司法公开四大平台全部建成，在司法公开各个方面均取得重大成绩、积累了大量经验的情况下，从长远来看，国家可以研究制定并适时出台司法公开法，从法律依据、具体要求、组织保障、经费投入、人才引进、装备投入等方面，更好地保障司法公开的进行，更好地实现以公开促公正的目标，让人民群众在每一起案件中都"看到"司法正义，更好地发挥人民司法的制度优势，也为其他国家更好地推进司法公开提供充满智慧贡献的中国方案。

（三）进一步提升庭审直播平台建设

中国庭审公开网建成开通已近两年，虽然各级各地法院已经全部接入中国庭审公开网，但仍有一些地方法院自建直播平台，不仅在事实上导致我国的庭审公开仍然有多平台运行情况，造成重复建设和资源浪费，也导致不同法院庭审公开推行进度不一、庭审视频质量参差不齐，影响到了庭审公开的质量和效果。

全国统一的庭审公开平台建设和运行，仍需努力。

一是要在现有中国庭审公开网的基础上，提高各级各地法院在接入庭审公开平台之后的庭审直播积极性，尽快消除"接入却零直播"法院数量。一方面，科技法庭建设应更加充分地考虑到庭审直播的需要。另一方面，鼓励各级各地法院积极筹措经费，通过各种努力改进和完善庭审直播设备；积极采取措施，鼓励各级各地法院统一在中国庭审公开网上进行庭审直播活动。特别是在庭审直播法庭建设上，考虑应该更加细致，增强"氛围"和"融入"观念，比如，摄像头的设置应该尽可能隐秘，融入整个法庭的装修环境，不给法官和当事人造成心理压力；庭审直播设备要能够实现一键操作，方便计算机技术水平不高的法官使用，使得庭审直播不构成他们的工作负担。

二是要整合分散的案件直播平台资源，实现公众可以通过一个微博、一个网站即可满足自己观看庭审的需求。当前，有些法院自建直播平台与中国庭审公开网不统一，中国庭审公开网与各级各地法院的官方微博、微信、客户端以及官方网站链接程度也不够。因此，整合资源、形成合力，对于构建和完善全国上下一盘棋庭审公开格局，方便当事人及社会公众观看庭审直播案件或者获取庭审公开信息，都十分必要。

三是进一步完善中国庭审公开网功能板块建设，

方便法院、当事人及社会公众使用。要通过充分调研，摸排各级各地法院、当事人和社会公众对庭审公开网的使用需求，建设界面更加友好、功能更加齐全、使用更加方便的中国庭审公开网。比如，完善案件分区、分页功能，区分高级检索和普通检索，高级检索在案由、案号、法院、当事人、代理人、审级等关键词上设置，普通检索为模糊检索，具体改进可参照裁判文书网的检索系统设置。还应该对法院上传的录播视频和直播视频进行区分，完善网络安全巡检系统，对中国庭审公开网上传的视频、评论等信息进行排查，从而防止非法、敏感信息以及空链、乱码、错链等情况的出现，解决潜在的安全隐患。

四是实现庭审直播和庭审公开工作与智慧法院建设的无缝衔接。智慧法院建设，尤其是利用新思维、新工具及新算法建设智能裁判辅助系统，对于司法大数据的积累有很高需求。因此，可以考虑在庭审直播中利用先进技术对方言、民族语言、外语等进行语音转化，尤其是通过现有的成熟的语音识别技术进行高准确度的即时文字转化，方便公众观看。以目前最为成熟的讯飞语音识别技术为例，其语音识别准确率高达97%，可见将语音识别技术引入庭审已经具备技术条件，这既能提高效率，也能提升观看庭审直播的便利性。

五是加强庭审公开平台与其他司法公开平台的衔接。将来在条件允许的情况下，可以在案件直播视频页面中附该案件在裁判文书网、执行信息网上的关联信息链接，加强具体案件之间的四大平台相互链接，实现平台联动。这种司法公开平台的联动，将会极大地便利当事人获取庭审公开信息，也有助于发挥司法公开平台的合力。

（四）进一步提高法官参与直播能力水平

法律之所以神圣，就在于它的庄重、严肃和力量。法庭中一切必备的形式要素都是为审判服务的。法庭的布置格局、法官的一言一行都会对当事人产生影响，尤其是会影响他们对裁判结果的判断与预期。法官作为法庭的掌控者，引导着整个庭审过程的推进，他们的法律素养和职业水平自然是决定庭审直播质量的关键性因素。

庭审是法院在当事人、其他诉讼参加人、证人、鉴定人等参与的情况下对争讼案件进行实体审查和判断的司法活动，是法院全部司法活动的核心和主体环节。司法活动所追求的公平正义，在庭审中有着最为典型的体现。因此，法官按照何种规则和以何种行为方式进行庭审，必然直接体现着司法活动的公正和形象。法官审理思路是否清晰，调解能力水平如何，能否有效维持法庭秩序，庭审语言是否做到音量、音调、语速适中，从而有效地传递信息，庭审节奏是否控制得当，争议焦点是否总结得具体、精当，以及庭审中突发事件处理是否得当，都至关重要。而从本次评估对直播案件的抽查情况来看，不少法官在职业能力与法庭礼仪上仍然存有不少差距。

针对这种情况，各级各地法院应进一步加强对法官的培训，不仅进行政治和业务水平的培训，也应进行法庭礼仪培训，提升法官庭审驾驭能力。尤其是应鼓励院庭长带头参加庭审直播，充分发挥院领导和执业年限较久、经验较为丰富的法官的引领示范作用，为全院法官树立榜样。在法院日常的业务交流中，也可以通过开展观摩庭审、示范庭审等方式，使庭审直播水平不断提升。同时应建立完善庭审直播考核机制，针对庭审直播过程中出现的一些不规范的问题，定期进行通报并考察整改情况，对直播工作的准备、实施、效果分析等任务逐项进行细化、分解，责任到人，对庭审直播的考核进一步全面化、科学化、规范化，从而确保直播流程运转规范。

当然，必须强调的是，在当前尚未做到全部公开庭审案件均庭审视频直播的情况下，庭审公开工作无疑为那些积极开展了庭审直播工作的法官增加了负担和工作量。在尚有许多法官未进行庭审直播的情况下，已经进行庭审视频直播的法官事实上就是在做更多的贡献。对于这种贡献,法院不能"又让马儿跑,又让马儿不吃草",应该纳入考核机制之中,在薪酬、晋升等方面予以充分考虑。

(五)进一步发挥庭审公开法治公开课的作用

庭审视频直播是司法公开最生动和最典型的方式,堪称司法公开塔尖上的明珠。伴随着从电视到网络再到自媒体的发展,司法实践中庭审从电视直播、网络直播正发展到新媒体直播。在现有技术条件下,通过互联网尤其是新媒体进行庭审网络直播,是可以利用的最高效、最便捷的技术手段。庭审微体验,权利大提升。对于人民群众而言,通过网络甚至手机客户端即可关注庭审直播,这种基本摆脱时间和空间限制的微观体验,带来了对司法最直观和最具冲击力的认知。他们对于司法运作的知情权、表达权、监督权也更可能落到实处。

当前我国司法实践中在庭审直播的案件选取方面,各级各地法院对于社会影响力较大的案件基本都做到了公开审理,有的通过图文或视频进行直播,取得了很好的效果,例如2017年5月27日山东省高院采取微博直播的方式通报"于欢案"二审庭审的相关信息。但是整体上讲,由于对舆情的担忧,各级各地法院对于社会关注度较高的热点案件还是较为小心谨慎，越是社会关注度高的案件越不敢进行视频直播，图文直播也是经过严格审查后的内容。这说明，法院虽然已经认识到庭审公开的价值和意义，并且有进一步加强庭审直播工作落实的意愿，但客观上也反映出了法院在案件选择和法官配合上所遇到的现实压力与困难。但需要认识到，越是不进行视频直播，在自媒体时代，反而会更加助长猜疑、促进舆情的产生。

虽然我们应该更加清醒地认识庭审公开中存在的困难和障碍，但也必须要看到，在我国已经公开视频直播的 120 多万件次庭审中，从未形成过一起需要应对的"舆情事件"，反而有助于维持法庭秩序，促进调解或和解，赢得群众支持。在今后的庭审公开工作中，人民法院应该更多选择群众关心的热点案件进行庭审直播，通过直播热点案件将人民群众的注意力转变为理解力，将庭审中"说理"的部分展示在大众面前，通过平和、理性的庭审过程教育大众，引导社会理解司法的过程，进而促进社会大众了解法律、理解法律、运用法律，构建人人知法、懂法、守法的法治社会。各级各地人民法院都应当以更为开放的心态对待庭审公开工作，进一步发挥其作为法治公开课树立司法权威、提升司法公信力的积极效用。

（六）进一步加强审判管理部门的组织监督职能

庭审公开是一项新生事物，涉及法院、法官、当事人、社会公众以及其他诉讼参加人或参与人等各类主体，涉及法院的秩序维持、人民群众的知情权和监督权、当事人的个人隐私与信息保护以及法官人身安全和相关信息保护等方方面面，还存在观念上与机制上的困难和障碍，因此难度极大，推进不易。但庭审公开，尤其是互联网下的庭审直播，不仅提升了法官素养和审判质效，抑制了司法腐败，促进了司法公正，提升了司法公信，树立了司法权威，也方便了社会公众知情权和监督权的行使，体现了人民司法的制度优势，树立了司法公开的中国高度。

重要的工作必定需要有力的推动。事实已经证明，各级法院的审判管理部门在最高院的指导和监督下，在推进包括庭审公开在内的司法公开工作上，表现出可信的政治水平、高超的管理能力以及极强的推动力和执行力。今后，人民法院应该更加充分信任和发挥审判管理部门，尽快促进全国庭审公开的归口管理，完善庭审公开全国一盘棋格局，从而理顺职能、理顺机制，将庭审公开这个司法公开的阳光事业推向新的历史高度。

结　语

阳光是最好的防腐剂，公开是最好的信任源。庭审视频直播是司法公开最典型和最生动的方式，是阳光司法塔尖上最耀眼的明珠。随着包括移动互联网直播在内的庭审视频网络直播的拓展和走向常态化，我国司法公开正实现从传统以纸质为主向电子化和数字化的转变，从静态到动态的飞跃，以及逐渐从传统庭审旁听的"现场正义"，报纸广播的"转述正义"，向电视直播和网络直播的"可视正义"及移动互联网时代"即视正义"的转变，从而形成司法公开的中国模式，塑造司法公开的中国高度。

人民司法内在要求庭审公开，人民群众支持庭审直播。我们应该珍惜多年来司法公开来之不易的宝贵成果，继续深入推进以庭审视频直播为重要承载形式的庭审公开工作。尤其是在庭审公开作为一项新生事物遇到的困难多、障碍大的情况下，各级各地法院必须将思想统一到最高法院坚决推进庭审公开的精神上来,解放思想、更新观念,围绕最高人民法院的指导和部署,在制度供给、平台建设、奖惩考核、经费投入等各方面为庭审公开提供更好的保障。

近年来,随着大数据、云计算、区块链和人工智能等互联网信息科技逐渐广泛运用,"互联网+法院"为人民司法注入新动能,国家智慧法院建设阔步迈入新时代。作为智慧法院建设的一部分,庭审公开通过常态化的视频直播,不仅可以开展更加精准高效的庭审自动巡查,还可以积累宝贵的司法数据,从而在充分运用信息科技的基础上,融合四大司法公开平台,整合线上线下司法审判资源,优化全链条人民司法各个环节,助力于破解以前难以解决的诉讼难题,重塑司法流程、诉讼制度和规则体系,实现我国诉讼制度体系在信息时代的跨越式发展,建设更高水平社会主义司法文明。

我们期待着,庭审公开能够成为中国司法的亮丽名片,成为公民权利保护的重要机制,并在全球树立起司法公开的中国标准、中国范式和中国方案,为全人类司法公开水平的提升贡献宝贵的中国经验。

参考文献

1. 郭士辉：《让正义以看得见的方式实现——人民法院全面推进依法治国工作亮点巡礼》，《人民法院报》2016年7月11日第1版。
2. 黄文艺：《司法公开意义深远》，《法制与社会发展》2014年第3期。
3. 田禾：《庭审公开触"网"倒逼"司法正义"》，《紫光阁》2017年第1期。
4. 田禾：《推进司法公开促进司法公正》，《人民法治》2016年第11期。
5. 温泽彬、李劭申：《"互联网+"背景下的司法信息公开研究——以最高人民法院"司法公开示范法院"为对象》，《现代法学》2016年第4期。
6. 闫博慧：《我国司法公开的主要障碍及其保障探析》，《法学杂志》2016年第4期。
7. 支振锋：《庭审网络直播——司法公开的新型方式

与中国范式》,《法律适用》2016 年第 10 期。

8. 支振锋:《庭审网络直播塑造司法公开中国高度》,《人民法治》2016 年第 11 期。

9. 支振锋:《中国司法公开新媒体应用研究报告(2015)——从庭审网络与微博视频直播切入》,中国社会科学出版社 2016 年版。

后 记

近世以来，中国法治受西方影响极大。自入法律系读书开始，每一个法科学人耳朵中听到的都是中国法治"落后"、西方法治"先进"，多年如一日，甚至成为全社会"共识"，迄今萦绕不绝。对于一个恢宏大度、包容自信的文化来说，任何时候，都要清醒地认识到自己的不足，找到自己的落后，唯有如此，才能日新又新，进步无疆。但居安思危、谦虚谨慎、省察己身，并不等于逆向民族主义，更不能像鲁迅先生所言"丧失自信心"。

中国法治当然不能完全令人满意，但如果要真正认清它的成就与问题，肯定不能仅仅依靠用洋文或中文书写的某些高头讲章、玄妙理论，而是要横向与国际比，纵向与传统比，当下看人民群众的感受，往后待后人的品评。简言之，既要站在人民的立场，看今天的实践；也要拉开时间的距离，看历史的评价。有时候离得太近，痒痛太切近，爱恨太炽烈，未必客观。

司法是现代法治的重心，从司法切入去看今天的法治，能够使我们近距离体察时代的脉搏，感受到法治的温度。从五年前开始观察人民法院的司法公开，并在两年前出版第一本观察报告《中国司法公开新媒体研究报告（2015）——从庭审网络与微博视频直播切入》以来，我深切地感受到了司法公开为中国法治带来的贡献和进步，也深切地感受到了"做实事"的不易。毕竟，法治不仅仅是高邈的理想，更是一粒汗水摔成八瓣的实干。

承蒙最高人民法院审判管理部门的信任，委托我组建研究团队，对人民法院 2017 年的庭审公开工作进行第三方评估。以庭审视频直播为主要表现形式的庭审公开，是人民法院的一项重要举措，也是中国司法正在进行的伟大实践。接受委托以来，经过向多位法理学和诉讼法学的专家请教，经过研究团队多次认真研究，并与委托部门和实践部门反复讨论，初步形成了一套指标体系，并通过近十个月的努力，如期完成了评估任务。

在评估过程中，课题组遇到了无数的困难，我们都尽力克服。我们时常勉励自己：像中国人民法院这样大规模、常态化的庭审公开，在人类司法史上是第一次，我们所进行的第三方评估，也是史无前例第一次；存在困难是肯定的，存在不足也是肯定的，但大家一定要坚持，不能放弃。当然，由于是第一次评估，一切都是全新的，特别是由于我们理论水平有限、实践经验不足，肯定还存在这样那样的问题，还请大家多多批评指正；我们一定认真听取，悉心改进。有任何批评建议，都请大家联系微信号22820199。

感谢最高人民法院审管办的领导和同志们，他们对实践问题看得精准、认识深刻，而且虚怀若谷、热情友善，给课题组提供了许多有益的指导、启发和宝贵的帮助。感谢225家被评估法院以及全国所有开展庭审公开工作人民法院的领导、法官和管理人员，他们不仅仅饱受课题组的"骚扰"，耐心地提供了许多重要帮助，更重要的是，他们是我国庭审公开工作真正的实践者和贡献者。正是在从最高人民法院到各级各地人民法院的共同努力下，我们已经初步实现中国司法公开的"弯道超车"，并正在树立司法公开的中国标准和中国高度。

支振锋
2018 年 8 月

支振锋，中国社会科学院法学研究所研究员，中国社会科学院大学教授，《环球法律评论》杂志副主编，国家万人计划青年拔尖人才，博士生导师。在《法学研究》等核心期刊发表论文五十余篇，在《人民日报》《光明日报》《求是》"两报一刊"发表文章五十余篇，其中六篇文章被《新华文摘》《中国社会科学文摘》《高等学校文科学术文摘》转载。作为首席专家主持国家社科基金特别委托项目、中央网信办重大调研项目以及其他国家和省部级课题等若干。

叶子豪，中国社会科学院法学研究所硕士研究生。

任蕾，中国社会科学院法学研究所博士研究生。

霍文韬，中国社会科学院法学研究所硕士研究生。